BIER, WEIN, LIKÖR & CO.

BIER, WEIN, LIKÖR & CO.

REZEPTE AUS DEM HEIMISCHEN GARTEN

NICK MOYLE & RICHARD HOOD

h.f.ullmann

Wenn Sie Interesse an unseren Büchern haben,
z.B. als Kundengeschenk oder eigene Sonderausgabe,
freuen wir uns auf Ihre Anfrage.
Tel.: +49 (0) 331 / 23 624-0
oder per E-Mail: info@ullmannmedien.com

Für Roscoe und Tilly

Brew It Yourself

Originaltitel: ***Brew it Yourself. Make your own Wine, Beer Cider & other Concoctions***
ISBN 978-1-84899-227-6

Herausgeberin: Grace Cheetham
Projektmanagement: Rebecca Woods
Redaktion: Liz Jones
Layout: Georgina Hewitt
Food Styling: Nick Moyle und Richard Hood
Herstellung: Uzma Taj
Cover Illustrationen: Jade Wheaton

© für diese deutsche Ausgabe:
h.f.ullmann publishing GmbH

Übersetzung aus dem Englischen: Tobias Rothenbücher
Satz: ce redaktionsbüro für digitales publizieren
Gesamtherstellung: h.f.ullmann publishing GmbH, Potsdam

Printed in Poland, 2016

MIX
Papier aus verantwortungsvollen Quellen
FSC® C015559

ISBN 978-3-8480-0956-5

10 9 8 7 6 5 4 3 2 1
X IX VIII VII VI V IV III II I

www.ullmannmedien.com
info@ullmannmedien.com
facebook.com/hfullmann
twitter.com/hfullmann

Hinweis zu allen Rezepten

Falls nicht anders angegeben:

- verwenden Sie bei Eiern, Früchten und Gemüsen mittelgroße Exemplare
- verwenden Sie frische Zutaten – auch bei Kräutern und Gewürzen.

Hinweis

Der Verlag, die Autoren und alle anderen bei der Erstellung dieses Buches beteiligten Personen übernehmen keine Haftung weder für etwaige fehlerhafte oder fehlende Informationen in Texten und Rezepten noch für Probleme, die nach der Zubereitung der Rezepte oder bei Befolgung der in diesem Buch enthaltenen Ratschläge auftreten können.
Alle Rezepte in diesem Buch sind ausschließlich für Erwachsene geeignet. Bevor Sie den Anweisungen oder Rezepten in diesem Buch folgen, ist es ratsam, einen Arzt zu konsultieren, insbesondere wenn eine Schwangerschaft vorliegt, während der Stillzeit, bei Allergien oder wenn Sie unter Beschwerden leiden, bei denen Sie sich unsicher sind, ob das Befolgen der Hinweise und Rezepte in diesem Buch für Sie geeignet sind.
Hinweise, Vorschriften und Informationen zu den gesetzlichen Regelungen in Bezug auf Mengen, Herstellung und Besteuerung für Haus- und Hobbybrauer finden Sie unter http://www.zoll.de/DE/privatpersonen/Alkohol-Kaffee-Kraftstoffe-Strom-im-Haushalt/

INHALT

Zutaten-Specials

VORWORT

„Heimgebrautes" gilt schon viel zu lange als typisches Steckenpferd von Typen einer bestimmten Altersgruppe, die auch für Socken in Sandalen, grobe Wollpullis und Urlaub im Wohnwagen eine Vorliebe haben. Allzu oft wird dieser edle Zeitvertreib von Ahnungslosen und Unwissenden als ein Relikt der Siebzigerjahre belächelt.

Doch das wird sich nun ändern ...

Wir haben keine Mühen gescheut und unfassbare Getränkemengen gebraut, vergoren und aufgesetzt. Die Zutaten haben wir in allen möglichen Ecken gepflückt, gezogen und ergattert: in unseren eigenen Gärten, in unserem Schrebergarten, und manches haben wir sogar – nicht weitersagen – gekauft!

Dabei haben wir auch kulinarische Monster geschaffen, die zu gruselig waren, um hier Erwähnung zu finden, aber auch daraus haben wir gelernt. Und das alles nur für Sie!

Dieses Buch enthält eine Auswahl unserer besten Rezepte für alle Heimbrauer von morgen. Sie werden Lust bekommen, Ihre Ernteüberschüsse in leckere Alkoholika zu verwandeln, Erklärungen finden, wie Zutaten, die Ihnen irgendwo in die Finger fallen, aus Allerweltsgetränken etwas Besonderes machen, und erfahren, wie Sie mit einfachen Mitteln hochprozentige Kreationen mit individueller Geschmacksnote erzeugen. Dieses Buch lüftet Geheimnisse, fördert den Spaß am Experiment und begegnet der Kunst der Gärung ohne Furcht.

Mit Zutaten von Pastinaken und Pflaumen bis zu Lavendel und Löwenzahn widmen wir uns gewagten Gärprozessen, verwegenen Fermentierungen und magischen Mixturen, kurz: der wunderbar wilden Vielfalt alkoholischer Getränke.

Nun aber ran an den Glasballon. Begleiten Sie uns bei unserem Heimbrauer-Abenteuer – ein Fest, das Sie auf keinen Fall verpassen sollten.

Die beiden durstigen Gärtner

DAS HEIMBRAUER-MANIFEST

Um fabelhafte Alkoholika selbst herzustellen, muss man weder ein Chemie-Experte noch ein mit Michelin-Sternen dekorierter Chefkoch sein. Gleichwohl haben wir versucht, uns an ein paar Grundsätze zu halten, damit es umso mehr Spaß macht.

Hier ist unser kleines Manifest, das wir in unserem Braumeisterschuppen an die Tür genagelt haben, damit wir immer auf dem rechten Weg bleiben.

- Experimentiert! Wechselt Zutaten aus, setzt Liköre auf neuen Spirituosen auf und verwendet Kräuter und Gewürze, wo ihr nur könnt. Vergärt auch ungewöhnliche Zutaten. Vielleicht das ungeliebte Gemüse da drüben? Könnte funktionieren ...

- Macht detaillierte Notizen und bewahrt sie gut auf. All die schönen Experimente sind zum Teufel, wenn die Zettel aus Versehen bei den Cornflakes-Kartons im Papiermüll landen.

- Geschmack ist Geschmackssache. Merke: Was den einen an Chablis erinnert, nimmt der andere als Kloreiniger.

- Haltet euch nicht mit exakten Mengen auf, sondern versteht die Mengenangaben als grobe Anhaltspunkte. Ein bisschen mehr oder weniger ist selten entscheidend.

- Selbst gezogene oder gesammelte Zutaten sind ideal, doch es gibt auch im Laden viel Schönes. Es ist nichts dabei, für ein gutes Tröpfchen auch einmal einkaufen zu gehen.

- Geduld führt manchmal zum besseren Getränk, doch was bereits früh lecker schmeckt, kann auch früh getrunken werden.

- Seid freigiebig und teilt eure Getränke mit anderen. Nehmt Kritik ebenso an wie Lob, auch wenn sie noch so fehl am Platz ist.

- Begegnet Alkohol IMMER mit Respekt. Er ist das Ergebnis eurer harten Arbeit.

GRUNDLAGEN FÜR HEIMBRAUER

Für einen guten Tropfen braucht man gute Zutaten. Je frischer und geschmacksintensiver, desto eher belohnt Ihr Getränk Sie mit guter Qualität. Manchen unserer Lieblingszutaten widmen wir uns später ausführlicher, aber hier geht es erst einmal um die drei wichtigsten Arten, an Zutaten zu kommen: anpflanzen, in der Natur finden und sammeln und ... einkaufen.

ZUTATEN AUS DEM GARTEN

Viele fangen mit dem Heimbrauen an, wenn ihnen klar wird, dass man überschüssiges Obst und Gemüse aus dem Garten in Alkohol verwandeln kann. Wir kennen Leute, in deren Gärten der Rhabarber wuchert, und die ihn noch ernten, wenn sie längst keinen Rhabarber-Crumble mehr sehen können, aber auf andere Ideen kommen sie nicht.

Selbst gezogenes Obst oder Gemüse in Getränke zu verwandeln, ist eine erfüllende Erfahrung. Kochen Sie etwas aus dem eigenen Garten, sind die Früchte Ihrer harten Arbeit im Nu zuerst im Topf und dann im Magen verschwunden, doch in der Flasche halten sich die leckeren Aromen wochen-, monate- oder gar jahrelang.

WAS SOLL IM GARTEN WACHSEN?

Was Sie anbauen können, hängt vor allem davon ab, wie viel Platz Sie haben. Selbst ohne eigenen Garten kann man auf der Fensterbank oft ein paar Töpfe Kräuter unterbringen.

Sollten Sie vor Ihrer Tür mehr Platz haben, gibt es mehr Möglichkeiten. Wenn Sie überlegen, was Sie anpflanzen möchten, fragen Sie sich unter anderem:

- Womit kann ich Geld sparen?
- Kann ich etwas anbauen, was man sonst schwer findet?
- Was ist besonders vielseitig verwendbar?
- Wie teuer und wie aufwändig wird das Gärtnern?
- Was bringt den größten Ertrag?

SAMMELN GEHEN

Zutaten selbst ziehen lohnt sich, aber sie zu sammeln, kann sogar noch interessanter sein. Die Natur hat Ihnen die anstrengende Aussaat und Pflege bereits abgenommen. Sie müssen nur noch ernten – und es gibt alles umsonst.

Beim Sammeln kommen Sie der Natur wieder näher und orientieren sich an dem Angebot der Jahreszeit, wie es Heimbrauer schon seit Generationen tun. Wir kennen wenig Aufregenderes, als die plötzlich überall beginnende Holunderblüte, die den Sommer einläutet und damit eine ganze Jahreszeit voller Aktivitäten rund ums

Fermentieren und Aufsetzen. Wenn dann der Herbst kommt, versetzen ganz andere Obst- und Beeren-Aromen alle Heimbrau-Fans in Freudentaumel. Bei uns vergeht kaum eine Autofahrt, ohne dass wir irgendwann begeistertet aufschreien, weil wir an einem bisher unentdeckten Apfelbaum vorbeigekommen sind.

WAS WIRD GESAMMELT?

Vorsicht: Viele Wildpflanzen sind giftig. Pflücken Sie also nur, was Sie hundertprozentig sicher als genießbar kennen. Glücklicherweise kann man einige der verbreitetsten Schätze für Pflanzensammler leicht erkennen, was sie bei uns Alkoholpanschern so beliebt macht – darunter die Blätter der mächtigen Eichen und Buchen, Fichtennadeln, Löwenzahn und Brennnesseln.

Viele Wildblumen sind essbar und verleihen Fruchtwein und aufgesetzten Getränken interessante Geschmacksnoten. Wollen Sie eine bestimmte Blüte in Verbindung mit Alkohol kosten, probieren Sie es zuerst mit einem schnell zubereiteten sprudelnden Getränk, ehe Sie sich an einem Wein versuchen.

Nach manchen Pflanzen – etwa Löwenzahn oder Großer Klette – lohnt es sich, wegen ihrer Wurzeln Ausschau zu halten. Bitten Sie aber erst den Grundstücksbesitzer um Erlaubnis, ehe Sie mit dem Spaten vorbeikommen. Beeren hingegen können manchmal schwerer zu identifizieren sein, da manche Arten giftige Doppelgänger haben. Seien Sie hier also besonders vorsichtig. Brombeeren, Holunderbeeren und Schlehen dürften aber den meisten vertraut sein.

SAMMLER-ETIKETTE

Es ist wichtig, die Natur pfleglich zu behandeln, denn dann wird sie uns auch weiter mit Brauzutaten versorgen. Achten Sie also darauf, keine Pflanzen zu beschädigen, wenn Sie Früchte pflücken, und räumen Sie sie nicht gleich den erstbesten Busch oder Baum leer. Viele Vögel und Säugetiere leben von solchen Früchten, also lassen Sie ihnen etwas übrig.

WO SICH SUCHEN LOHNT

Wenn Sie eine bestimmte Pflanzenzutat suchen, lohnt es sich, herauszufinden, wo sie gut gedeiht, ehe Sie in die Wildnis losziehen. Wandern Sie hingegen gern ohne bestimmtes Ziel umher und überlassen Ihr Ernteglück dem Zufall, stellen sich Wegstrecken aller Art oft als lohnend heraus – vor allem Bahnlinien, Flüsse oder vergessene Feldwege.

Die schmalen naturbelassenen Grenzzonen zwischen solchen Wegen und dem nächsten Feld oder Weideland sind oft seit Jahrzehnten unberührt, weshalb sich manches „Sammelgut" angesiedelt hat.

Auch Obstsamen (etwa aus dem Zug geworfene Apfelreste) konnten hier in Ruhe keimen und zu Mini-Obstgärten heranreifen, die Sie nun plündern können.

EINKAUFEN

Vieles müssen Sie käuflich erwerben, etwa Basiszutaten wie Zucker, Hefe oder Hochprozentiges zum Aufsetzen. Einkaufen müssen Sie ebenso die meisten Malz- und Getreidesorten, die wir für Bier verwenden. Wir befürworten zwar selbst gezogene und wild gesammelte Zutaten, doch deswegen muss man nicht auf gekaufte verzichten.

Nicht einmal der weltbeste Gärtner kann sich rühmen, ganzjährig passende Erträge für jede Getränkeart zu ernten. Im Laden können Sie die Lücken schließen, die die Jahreszeiten mit sich bringen. So greifen wir im Winter auf importierte Zitrusfrüchte, Trockenobst und sogar Zutaten aus der Dose zurück.

Finden Sie auch heraus, wo sich der nächste Laden für Hausbrauer befindet. Inzwischen gibt es im Internet zahlreiche Versand- und Online-Händler. Dort bekommt man nicht nur die technische Grundausrüstung, verschiedene Mittel zum Sterilisieren, Hefen und weitere Spezialzutaten fürs Brauen, sondern mit etwas Glück auch andere Schmankerl wie Trockenobst und getrocknete Blüten (etwa Holunder oder Rosen) sowie eine spannende Auswahl frischer Hopfensorten.

Verschaffen Sie sich außerdem einen Überblick, wo es – neben solchen Spezialgeschäften und Supermärkten – in Ihrer Nähe Hofläden, Apotheken und Reformhäuser gibt und wo man frische Kräuter bekommt, damit Ihre Zutaten-Auswahl möglichst groß ist.

ES WIRD GEBRAUT!

Sie haben alle Zutaten beisammen, sind völlig ausgedörrt und wollen endlich loslegen? Ehe Sie sich Hals über Kopf auf unsere Rezepte stürzen, beachten Sie ein paar Kleinigkeiten, damit das Resultat Ihrer Arbeit nicht mit einem Riesenseufzer im Ausguss endet. Worauf Sie bei jeder Getränkeart im Einzelnen achten sollten, steht in der Einleitung zu jedem Kapitel. Es lohnt sich aber, zuvor ein paar Grundlagen zu pauken.

STERILISIEREN

Am Anfang steht die allerlästigste Arbeit – und zugleich die wohl wichtigste. Eine verunreinigte Flasche oder ein nicht richtig sauberes Gerät reicht schon aus, dass die Arbeit von Monaten für die Katz ist. Also muss alles, was mit dem teuren Gebräu – vor, während und nach seiner Herstellung – Kontakt hat, gründlich gereinigt werden, ehe es benutzt wird.

Viele geeignete Sterilisierungsmittel sind auf dem Markt. Unser Favorit ist VWP Cleaner, der als Pulver in verschiedenen Packungsgrößen im Online-Hausbrauer-Versand erhältlich ist. Um Ihre Ausrüstung zu sterilisieren, lösen Sie das Pulver einfach nach den Packungsangaben in warmem Wasser auf, tauchen alles, was später mit Ihrem Getränk in Kontakt kommt, in die Lösung und spülen es mit Wasser aus. Das Spülen ist wichtig, denn ein Nachgeschmack nach Chemie kann Ihr Werk ebenso ungenießbar machen wie ein verdreckter Trichter.

Außerdem ist es empfehlenswert – wenngleich nicht entscheidend – auch die Zutaten für Fruchtweine und Cider zu sterilisieren, damit unerwünschte Hefen und Bakterien vor der Gärung abgetötet werden. Dazu gibt man eine Sulfit-Tablette 24 Stunden vor dem Hinzufügen der Hefe zu den Zutaten. (Die Tablette muss zerdrückt werden; am besten zwischen zwei Teelöffeln.) Das kann auch die Gefahr der Oxidation eindämmen, daher wird Wein vor dem Abfüllen oft mit Sulfit versetzt. Die Tabletten sind allerdings mit einem Warnhinweis versehen, weil sie aus Natriumdisulfit bestehen, worauf ein Prozent der Bevölkerung allergisch reagiert (und Asthma-ähnliche Symptome zeigt)– daher auch der Warnhinweis „enthält Sulfite" auf den meisten Wein- und Cider-Etiketten. Bitte fragen Sie Ihre Gäste, ehe Sie ihnen mit Sulfiten versetzte Getränke anbieten, ob Sie auf Sulfit allergisch reagieren.

Sauberkeit ist auch für nicht-vergorene Getränke wichtig, daher lohnt es sich immer, die vorgesehenen Glasflaschen zu sterilisieren, ehe Sie Ihre Mixtur zum Lagern abfüllen. Einfach mit heißem Wasser spülen und auswaschen und im Ofen bei etwa 120 °C trocknen lassen. Aber denken Sie dran, keine kalten Flüssigkeiten in heiße Glasgefäße zu füllen (oder umgekehrt), weil sonst das Glas leicht springt.

ZUCKER

In den meisten unserer Rezepte soll Zucker den Alkoholgehalt der gegorenen und gebrauten Getränke erhöhen oder Liköre und Cocktails süßen. Es gibt zwar besonderen Brauzucker, aber wir haben festgestellt, dass es mit weißem Rohrzucker genauso gut klappt. Man kann auch dunklere Sorten verwenden, die Ihren Getränken besondere Aromen verleihen (dann haben wir dies im Rezept angegeben). In manchen Rezepten kommen süße Zutaten wie Honig oder Ahornsirup vor.

HEFEN

Bei unseren Rezepten für vergorene Getränke sind ganz bestimmte Hefesorten genannt, doch das sind meist nur Empfehlungen. Weinhefe-Stämme bringen typische Weinqualitäten hervor, während Bierhefe-Stämme so gezüchtet wurden, dass sie die charakteristischen Aromen bestimmter Biersorten erzeugen. Wir empfehlen, die angegebenen Hefesorten

zu nehmen, wenn Sie sie bekommen können. Sollten Sie jedoch ganz verzweifelt sein, können Sie auch Backhefe nehmen. (Dann schmecken Ihre Getränke ein bisschen nach Brot, was manchmal okay ist – meistens aber nicht.)

ZUM SCHLUSS EIN RAT

In diesem Buch dreht sich alles um einfache, lockere Methoden, um einige der leckersten Getränke mit viel Spaß selbst herzustellen. Seien Sie jedoch gewarnt: Es gibt Puristen, die an manchen unserer Methoden einiges herumzukritteln haben dürften. Bestimmte Craft-Bier-Verfechter bestehen darauf, dass die Biermischung stundenlang kochen muss; Wein-Experten fordern für Ihre Flaschen eine Lagerung bei exakten, kontrollierten Temperaturen und die „Traditionalisten" aus der Brüderschaft der Cider-Brauer dürften das Mischen anderer Obstsorten und Aromen als mit Äpfeln als Todsünde betrachten. Wenn Sie ein bestimmtes Getränk mögen und sich eingehender damit befassen, oder sogar einen Beruf daraus machen möchten, suchen Sie sich auf jeden Fall professionelleren Rat. Wollen Sie sich hingegen ein paar simple Brautechniken aneignen, bei Ihren Kumpels ein bisschen mit Heimgebrautem angeben und dabei eine Menge stressfreien Spaß haben ... dann lesen Sie weiter.

WIE FUNKTIONIERT EIN HYDROMETER?

Als essenzieller Bestandteil im Arsenal des Hausbrauers lässt sich mit dem Hydrometer der ungefähre Zuckergehalt einer Flüssigkeit bestimmen, woraus Sie annähernd den Alkoholanteil in Volumenprozent Ihres Gebräus berechnen können. Das Hydrometer zeigt das spezifische Gewicht einer Flüssigkeit an und ist so kalibriert, dass es in Wasser den Wert 1.000 anzeigt. Je höher dieser Wert, desto höher der Zuckergehalt. In der Regel ergeben 25 g Zucker gelöst in einem Liter Wasser einen Wert von 1.010. Da sich die Skalen je nach Hersteller unterscheiden können, konsultieren Sie die Gebrauchsanweisung Ihres Gerätes.

Um den Wert zu ermitteln, füllen Sie einen Messbecher oder ein hohes Glas mit der Flüssigkeit, die Sie testen möchten. Reinigen Sie das Hydrometer und geben Sie es in die Flüssigkeit. Drehen Sie es dabei leicht, damit keine Bläschen außen am Glas hängenbleiben, die Ihr Messergebnis beeinflussen könnten. Schauen Sie über die Oberfläche der Flüssigkeit und lesen Sie die Skala dort ab, wo das Hydrometer eintaucht. Wollen Sie den voraussichtlichen Alkoholgehalt Ihrer Mixtur abschätzen, müssen Sie einmal messen, ehe Sie Hefe dazugeben (Stammwürze) und dann wieder nach der Gärung (Restextrakt). Notieren Sie sich die beiden Werte, ziehen Sie den Wert des Restextrakts von dem der Stammwürze ab und teilen Sie das Ergebnis durch 7,45.

Wir haben z. B. Äpfel der Sorten Kingston Black und Michelin entsaftet. Der Saft hatte eine Stammwürze von 1.070. Aus ihm haben wir ein herrliches Farmhouse Cider gebraut (siehe S. 52), das ganz ausgären durfte. Dann haben wir beim fertigen Cider noch einmal gemessen: einen Restextrakt von 1.000.

- 1070 minus 1000 ergibt 70
- 70 durch 7,45 ergibt 9,39
- das entspricht also ca. 9,4 Volumenprozent Alkohol

So wussten wir auch, dass wir nicht zu viele Gläser von diesem Cider auf einmal trinken durften.

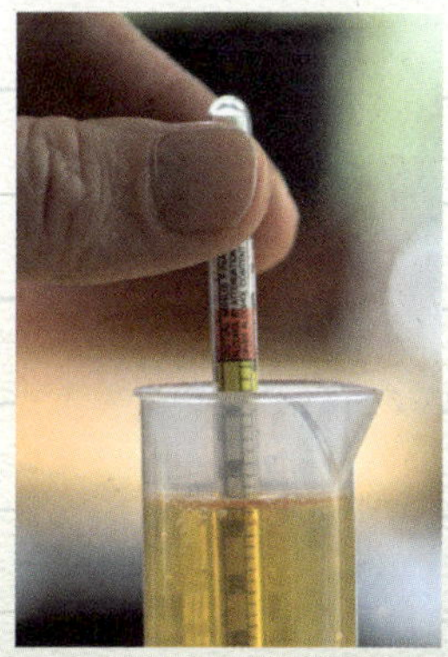

Wenn Mathe noch nie Ihre Stärke war – keine Angst. Im Internet gibt es jede Menge kostenloser Apps und Webseiten, die diese Berechnungen für Sie erledigen.

GRUNDLAGEN FÜR WEIN UND MET

Wein selbst herzustellenn ist eine schöne Erfahrung. Wenn aus selbstgezogenen Zutaten durch das simple Zusammenspiel von Wissenschaft und Natur Alkohol entsteht, hat das etwas Wundersames.

Nur wenige Dinge können die gleiche hypnotische Wirkung entfalten, wie Bläschen, die im Gärröhrchen aufsteigen. Man weiß, dass mit jedem Gasbläschen ein neues Tröpfchen Alkohol entstanden ist und unser selbst gemachter Fruchtwein seiner Vollendung wieder einen Moment näher gerückt ist. Da allerdings die dahinter stehende Wissenschaft selten exakt funktioniert und die Natur unberechenbar ist, kann man sich kaum sicher sein, was dabei herauskommt. Für uns gehört diese Unvorhersehbarkeit zu den besonderen Freuden der Weinherstellung.

Die Fruchtweine in diesem Buch haben wir ausgewählt, weil sie relativ einfach herzustellen sind, aus Zutaten bestehen, die man selbst ziehen, einfach finden oder überall erwerben kann, und weil wir jedes Rezept selbst getestet haben und das Ergebnis lecker fanden. Da allerdings jede Zutat ganz unterschiedliche Qualität haben kann (kein Stück Obst gleicht schließlich dem anderen), machen Sie sich um exakte Gewichte und Mengen bloß keinen Kopf. Verstehen Sie diese Rezepte lieber als Wegweiser für Ihre Abenteuer in Sachen Fruchtwein.

DER GÄRUNGSPROZESS

Gärung ist ein ganz einfacher Vorgang: ein Kohlenhydrat, etwa Zucker, wird zu einer Säure oder – wie in unserem Fall – zu Alkohol und Kohlenstoffdioxid. Letzteres entweicht, während der Alkohol in der Flüssigkeit verbleibt. Bei der Weinherstellung wird dieser beschwipsende Vorgang in Gang gebracht, indem eine zuckerhaltige Flüssigkeit mit Hefe versetzt wird – je mehr Zucker zum Einsatz kommt, desto stärker wird das alkoholische Getränk. Sie müssen nur noch eine passende Zutat wählen, die dem Ganzen einen typischen Geschmack verleiht.

In diesem Kapitel haben wir auch einige Rezepte für Met versammelt – ein uraltes Getränk, das sich auf Honig als Süßstofflieferant stützt. Da er sein eigenes Aroma mitbringt, ergänzen die weiteren Zutaten seine Geschmacksnoten, statt selbst die vorherrschenden Aromen zu liefern. (Mehr zu Honig siehe S. 43.)

WAS MACHT EINEN GUTEN WEIN AUS?

Über „weinähnliche Getränke" – um die es hier ja streng genommen geht – geraten die Leute lange nicht so sehr ins Schwärmen, wie über „echten" Wein aus Weintrauben. Es tauschen sich auch keine Hundertschaften von Experten darüber aus, warum ein bestimmter Ananas-Jahrgang besser ist als ein anderer, oder welche Rhabarbersorte gerade in oder out ist. Wie können wir also abschätzen, ob unsere Weine etwas taugen werden? Zunächst einmal ist es wichtig, festzuhalten, dass wir nicht versuchen, den Geschmack bekannter Traubensorten nachzuahmen – Wacholderbeeren schmecken immer nach Wacholder, nicht nach Shiraz-Trauben –, und manche unserer Weine haben weniger weinartige Eigenschaften als andere.

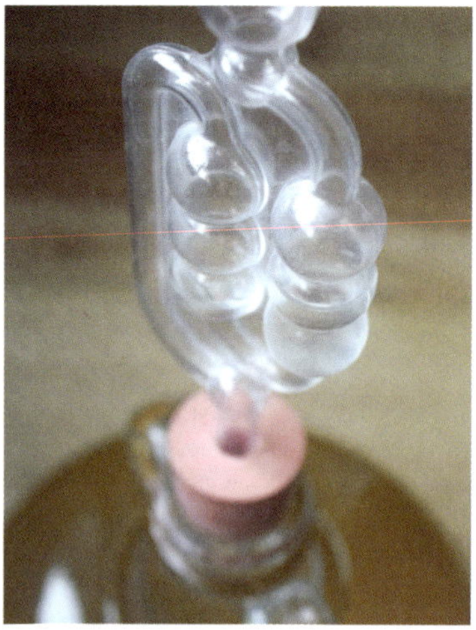

Verabschieden Sie sich also von all Ihren Vorstellungen und betrachten Sie jedes der folgenden Weinrezepte als eine neue Geschmackserfahrung... Wenn das entstandene Getränk Ihnen schmeckt, sei es ganz offiziell als gelungen betrachtet!

Ein Wein hingegen, den kritischere Tester als gut erachten, zeichnet sich in der Regel dadurch aus, dass zwischen folgenden Geschmackselementen Ausgewogenheit herrscht:

Säure: Sie trägt nicht nur zur allgemeinen Ausgewogenheit des Geschmacks bei, sondern unterstützt die Hefe bei der Gärung. Mangelt es den übrigen Zutaten an Säure, ist Zitrone oder Zitronensäure in Pulverform eine geeignete Ergänzung.
Tannin: Ein Gerbstoff, der vor allem in Rotwein hervorsticht und ihm sein typisches volles, trockenes Mundgefühl verleiht. Tannine tragen außerdem zur Lagerfähigkeit des Weins bei. Auch Tee enthält Tannin und kann eingesetzt werden, um selbst gemachtem Wein solche Eigenschaften zu verleihen. Rich setzt eher auf normalen schwarzen Tee, während Nick in seinen Rezepten grünen Tee bevorzugt.
Körper: Mit diesem Begriff wird beschrieben, wie voll der Geschmack eines Weins ist und wie kräftig er schmeckt – Weine, denen es an Körper mangelt, sind dünn oder leicht. Wenn Sie einen kräftigeren Geschmack mögen, kann Ihr Wein etwa durch Zugabe von Früchten körperreicher werden – wir nehmen gern Sultaninen oder Rosinen, aber Sie können auch anderes Trockenobst, Traubensaftkonzentrat oder sogar Bananen verwenden.

Trauben haben sich unter anderem zu der Weinzutat schlechthin entwickelt, weil sie alle oben genannten Aspekte in unterschiedlichem Grad in sich vereinen und gleichzeitig ausreichend Wasser und Zucker enthalten, dass die Sache funktioniert. Trauben sind also die einzigen Früchte, die gleich alles an Bord haben, und genau deshalb braucht man für unsere Rezepte zusätzlich Wasser, Zucker und manchmal weitere Zutaten. Selbstverständlich können Sie wunderbar trinkbare Weine gestalten, bei denen diese Aspekte stärker oder schwächer ausgeprägt sind – schließlich ist alles Geschmackssache. Falls Sie also feststellen, dass Ihnen ein richtig körperreicher Wein am besten mundet, finden Sie heraus, welche Zutaten dafür verantwortlich waren, und setzen Sie sie auch beim nächsten Rezept ein.

NOTIZ AM RANDE: HEFE

Es gibt spezielle Hefestämme, die bestimmte Weinsorten besonders gut gelingen lassen. Da sie aber meist auf bestimmte Traubensorten zugeschnitten sind, halten wir uns an drei Grundtypen: für Weißwein, Rotwein und Schaumwein. Die ersten beiden Bezeichnungen sind selbsterklärend. Der letzte Typ wird vor allem für Weine mit hohem Zuckeranteil verwendet, da diese Hefen auch bei höherem Alkoholgehalt überleben. Wir kaufen aus praktischen Gründen immer einzelne Hefepäckchen. Sollten Sie Großpackungen bevorzugen, nehmen Sie pro Rezept ca. 5 g. Beachten Sie aber immer auch die Angaben auf der Verpackung.

Wir verwenden auch Hefenährstoff, eine Substanz, die die Hefe im Laufe des Gärprozesses ernährt, sodass sie weiter aktiv bleibt.

GRUNDLEGENDE SCHRITTE

Wenn Sie ein Gespür dafür bekommen haben, welche Grundschritte zum Weinmachen gehören, können Sie sich schon bald selbst Rezepte ausdenken.

1. Gewinnen Sie Aromen und Zucker aus den Grundzutaten. Abhängig von dem Obst oder Gemüse Ihrer Wahl kann das

auf unterschiedliche Weise geschehen, etwa durch Kochen, Einlegen oder Auspressen.

2. Geben Sie Wasser, Zucker und weitere Zutaten hinzu.
3. Setzen Sie durch die Zugabe von Hefe die anfängliche schnelle Gärung in Gang. Das geschieht in der Regel in einem Lebensmitteleimer. Manchmal bleiben die Früchte dabei in der Mischung, damit möglichst viel Geschmack und Zucker freigesetzt wird.
4. Seihen Sie die Flüssigkeit in einen Glasballon ab, in dem der länger andauernde langsame Gärprozess unter dem Schutz eines Gäraufsatzes stattfindet.
5. Nach etwa einem Monat folgt der Abstich: Trennen Sie den Wein von dem schlammigen Bodensatz im Ballon, dem sogenannten Geläger (siehe S. 16).
6. Lassen Sie den Wein ein paar Monate ruhen, ehe Sie ihn zum Reifen in Flaschen füllen.

WELCHE GERÄTE BRAUCHE ICH?

Fast schon ein Sinnbild für selbst gemachten Fruchtwein ist der **Glasballon** oder **Demijohn.** In diesem ursprünglich aus Glas gefertigten, aber inzwischen auch aus Plastik erhältlichen Gefäß verbringt das Getränk den größten Teil des Gärvorgangs. Glasballons sind relativ preisgünstig. Oft findet man sie auch gebraucht oder auf Flohmärkten. Wir verwenden einen 4,5-Liter-Ballon.

Außerdem benötigen Sie:

einen Gäraufsatz: Ein kurviges Glasröhrchen (oder ein modernes Duplex-Modell), das zum Teil mit sterilem (also z. B. abgekochtem) Wasser gefüllt ist, wodurch Gas entweichen kann, ohne dass Ihr Wein kontaminiert wird.

einen Stopfen: Durch einen Gummistopfen mit Loch wird der Gäraufsatz auf dem Glasballon befestigt.

einen Gäreimer: Dazu eignen sich alle Lebensmitteleimer – am besten mit Deckel. Wenn es keinen gibt, nehmen Sie ein Küchenhandtuch oder ein Stück Frischhaltefolie zum Abdecken.

einen großen Topf: Darin können Sie Wasser oder andere Zutaten erhitzen.

einen Löffel: Exemplare mit langem, dünnem Stiel eignen sich zum Umrühren im Glasballon besonders.

einen Plastikschlauch: Damit können Sie Flüssigkeiten in einen frischen Glasballon oder zum Schluss in Flaschen füllen.

einen Verkorker: Ein unverzichtbares Gerät, wenn Sie Ihre Flaschen mit Korken verschließen wollen (siehe S. 17).

ein Passiertuch oder ein feines Sieb: Damit filtern Sie Fruchtfleisch aus dem Wein.

Weitere nützliche Geräte sind ein Kochthermometer (mit dem man die Temperatur bei der Hefezugabe misst) und ein Hydrometer, mit dem man das Mostgewicht des Weins bestimmt, woraus man wiederum den Alkoholgehalt berechnen kann (siehe S. 11).

CJJ BERRY

Die Bibel für Amateurwinzer erschien 1960 in Gestalt von CJJ Berrys Buch *First Steps in Winemaking.* Mit seinen 150 leicht nachvollziehbaren Rezepten hat es über 3 Millionen Käufer gefunden und viele Menschen zum Weinmachen ermutigt. Berry hat nicht nur jahrhundertealte Fruchtweinrezepte festgehalten, er versucht sich auch an außergewöhnlichen Zutaten. Auf seine Mischungsverhältnisse stützen sich Tausende späterer Rezepte – so auch für einige von uns. Manche seiner Kreationen sind kräftige, süße Weine, die vor Zucker strotzen. Wir fahren den Zuckergehalt manchmal ein bisschen herunter, damit ein leichteres Tröpfchen entsteht. Bei seinem zweiten Werk *130 New Winemaking Recipes* sind ihm aber offenbar die geeigneten Zutaten ausgegangen – seinen Zwiebelwein wollten wir irgendwie nicht ausprobieren ...

NOTIZ AM RANDE: WIE STARK IST MEIN WEIN?

Wir geben in unseren Rezepten keine Schätzungen zum Alkoholgehalt ab, da zu viele Parameter das Ergebnis beeinflussen, als dass genauere Vorhersagen möglich wären. Wollen Sie herausfinden, wie viel Alkohol Ihr Fruchtwein enthält, lernen Sie, mit einem Hydrometer umzugehen (das ist ganz leicht und in diesem Buch beschrieben – siehe S. 11). Ganz grob geschätzt enthalten unsere Weine zwischen 8% und 14% Alkohol.

OPTIMALE GÄRBEDINGUNGEN

Am besten gärt ein Wein bei einer gleichbleibenden Temperatur zwischen 18 und 24 °C. Was er gar nicht mag, sind enorme Temperaturschwankungen (wie sie etwa auf der Fensterbank herrschen). Stellen Sie also Ihren Glasballon an einem gleichbleibend warmen Ort auf. Praktische Hilfsmittel wie Wärmekissen und Heizgürtel kann man erwerben, falls es in Ihrem Haus keinen geeigneten Ort gibt. Auch direkte Sonneneinstrahlung sollten Sie vermeiden (noch ein Minuspunkt für die Fensterbank), und das nicht zuletzt, weil Ihr Getränk sonst seine kräftige Farbe einbüßt.

Die Dauer der Gärung kann sich je nach Zutaten, Hefequalität und Gärbedingungen unterscheiden. Kommt er Ihnen zu dickflüssig vor, sollte der erste Abstich die aktive Gärung erneut in Gang setzen. Als grobe Richtschnur empfehlen wir, dass Sie Ihren Wein mindestens 3 Monate im Glasballon lassen sollten, ehe Sie ihn abfüllen. Ihn länger im Ballon zu lassen, ist hingegen nicht schlecht, sofern Sie ihn von dem entstandenen Bodensatz abgezogen haben (denn er reift gern in größeren Mengen).

ABZIEHEN

Als „Abziehen" oder „Abstich" bezeichnet man den Vorgang, bei dem der Wein von einem Glasballon in einen anderen gefüllt wird, wobei der schmodderige Bodensatz (das Geläger) zurückbleibt. Wir ziehen ihn in der Regel nach einem Monat ab, wenn die Gärung zurückgegangen oder ganz zum Erliegen gekommen ist. Verbleibt ein Wein zu lange auf dem Bodensatz, kann er unerwünschte Geschmacksnoten annehmen. Das Abziehen hat darüber hinaus den Vorteil, dass träge Hefen wieder wachgerüttelt werden und ihre Gäraufgaben zu Ende bringen, was den Wein allmählich klarer werden lässt. Manche Weine müssen ein zweites oder sogar ein drittes Mal im Monatsabstand abgezogen werden, wenn sich neues Geläger bildet.

Um den Wein abzuziehen, stellen Sie einfach einen zweiten, sauberen, sterilisierten Glasballon auf ein niedrigeres Niveau, und lassen Sie den Wein von oben durch einen Schlauch in das neue Gefäß ab. Sie müssen ein bisschen Wein ansaugen, damit er zu fließen beginnt, und bekommen so einen Eindruck vom Geschmack des noch unreifen Getränks. Wenn sich der Flüssigkeitsstand dem Geläger nähert, kippen Sie den Glasballon vorsichtig, damit Sie möglichst viel guten Wein erwischen, ehe das üble Zeug angesaugt wird. (Es ist aber nicht schlimm, wenn etwas Geläger durch den Schlauch rutscht – Sie können später ja noch einmal abziehen.)

Bleibt viel Geläger zurück, ist der zweite Ballon natürlich nicht mehr voll. Da sich Luft und Wein nicht gut vertragen, sollten Sie diesen Freiraum wieder auffüllen. Das geht am einfachsten mit abgekochtem und abgekühltem Wasser, doch beachten Sie, dass

NOTIZ AM RANDE: WANN KANN ICH MEINEN WEIN TRINKEN?

Trinken Sie Ihren Wein, wenn er Ihnen schmeckt. Rich entkorkt seine Flaschen oft schon Monate vor Ende der empfohlenen Reifezeit – denn seine Geschmacksknospen fürchten keinen jungen Wein –, während Nick sich lieber in Geduld übt und oft Jahre wartet, ehe er den Korkenzieher zückt. In aller Regel sind hellere, leichtere Weine früher trinkbar als dunklere, aber in Stein gemeißelt ist das nicht. Sie werden überrascht sein, wie die herben und unangenehmen Geschmacksnoten eines jungen Weins – an denen meist Tannine schuld sind – mit der Zeit weicher werden. Tannine machen einen Wein allerdings auch alterungsfähig, daher sollte man leichte Weine ohne Tannine nicht zu lange aufbewahren.

Sie so den Wein verdünnen. Soll Ihr Wein dennoch den angestrebten Alkoholgehalt erreichen, lösen Sie im Auffüllwasser etwas Zucker. Schauen Sie noch einmal ins Rezept, berechnen Sie das ungefähre Zuckergewicht pro Liter und rechnen Sie es auf die gewünschte Menge herunter (oder machen Sie es wie wir – einfach schätzen ...). Die dritte Möglichkeit ist, den Platz mit etwas Festem, Geschmacksneutralem zu füllen. Wir nehmen Glasmurmeln, die wir natürlich zuerst sterilisieren.

ABFÜLLEN

Wenn man Wein aus dem Glasballon abfüllt, lässt sich kaum verhindern, dass ein bisschen daneben geht. Stellen Sie die leeren Flaschen deshalb auf ein Handtuch oder in einen Eimer, und das so dicht beieinander wie möglich. Unsere Rezepte reichen für sechs 0,75-l-Flaschen (und oft bleibt ein halbes Gläschen zum Probieren übrig). Sie können zwar Flaschen mit Schraubverschluss verwenden, aber das empfehlen wir nicht – denn wenn Sie nicht hundertprozentig sicher sind, dass die Hefen nicht mehr arbeiten, kann es in den Flaschen erneut anfangen zu gären. So kann sich Druck aufbauen, der die Flaschen platzen lässt – also besser verkorken. Dazu können Sie echte oder Plastik-Korken verwenden, die man mit beherztem Handballenschlag in die Öffnung drückt. Leere Flaschen mit Schraubgewinde müssen sie aber nicht wegwerfen – denn auch sie lassen sich gut verkorken.

STERILISIEREN!
Wie bei allen vergorenen Getränken gilt: alle Geräte für jeden Arbeitsschritt sterilisieren.

Chemische Helfer

Wie natürlich der Gärvorgang abläuft, entscheiden Sie. Hier sind ein paar Stoffe, mit denen Sie die Herstellung Ihrer Weine perfektionieren können.

Sulfit-Tabletten: Sie werden spätestens 24 Stunden vor der Hefe dazugegeben, sterilisieren die Rohzutaten und machen unerwünschte wilde Hefen unschädlich. Außerdem verhindern sie die Oxidation des Weins beim Abfüllen. Manche Menschen sind allergisch gegen Sulfite, doch glücklicherweise muss man sie nicht einsetzen. Verwenden Sie sie, wenn Sie auf Nummer sicher gehen und Ihren Wein vor der Unbill der Natur schützen möchten.

Kaliumsorbat: Dieses Mittel kann vor dem Abfüllen zusammen mit Sulfit-Tabletten hinzugegeben werden, um eventuell verbleibende Hefen abzutöten, was eine fortgesetzte Gärung in der Flasche verhindert (und damit auch herausfliegende Korken und sprudelnden Wein).

Antigeliermittel (Pektinase): „Antigel" gibt man der Maische zu, um die Wahrscheinlichkeit zu verringern, dass der Wein trüb wird. Außerdem erhöht es die gewonnene Saftmenge.

Süßstoffe: Mögen Sie Ihren Wein eher süß? (Wir finden ja, dass viele Fruchtweine von einem Hauch Süße profitieren.) Die einfachste Methode ist, einen künstlichen Süßstoff hinzuzufügen. Bei Spezialläden für Hausbrauer bekommen Sie Süßstoffe, die speziell für Weine gedacht sind.

Zitronensäure: Sie wird eingesetzt, um Wein mehr Säure zu verleihen.

Zubereitungszeit: 45 Minuten | **Gärzeit:** 3 Monate | **Reifezeit:** 6 Monate

RHABARBERWEIN

Rhabarberwein ist das erste Getränk, das wir aus der Ernte unseres Schrebergartens selbst hergestellt haben, und ein toller Einstieg für jeden, der es versuchen möchte. Sie können ihn leicht aus wenigen Zutaten herstellen, und werden sich nach mehreren Wochen Crumble zum Nachtisch sicher danach sehnen, Ihren Rhabarber anderen kulinarischen Zwecken zuzuführen. Dieses Rezept baut auf CJJ Berrys Vorlage auf und liefert gleichbleibend leckere Ergebnisse.

10–12 große Rhabarberstängel (ca. 1,5 kg in Stücken). Wir bevorzugen die längeren, grünen Stängel. Wenn Sie die hellroten nehmen, verleihen Sie Ihrem Wein einen Rosé-ähnlichen Farbton.
1,25 kg weißer Zucker
1 TL Pektinase
2 Sulfit-Tabletten
Weißweinhefe
1 TL Hefenährstoff

1. Die Rhabarberstängel säubern, grob zerkleinern, in einen sterilisierten Lebensmitteleimer geben und mit einem Nudelholz ordentlich zerstampfen. Zucker, Pektinase und eine zerdrückte Sulfit-Tablette zugeben und alles gut vermischen. Abdecken und über Nacht ziehen lassen.

2. Am nächsten Tag ist der Saft aus dem Rhabarber ausgetreten und hat einen klebrigen Sirup gebildet. 2¼ l kochendes Wasser dazugeben und abkühlen lassen.

3. Einen Trichter auf den Hals eines Glasballons setzen und den Saft durch ein Sieb oder ein Passiertuch in den Ballon geben. Den Rhabarber kräftig auspressen, damit so viel Saft wie möglich hineingelangt.

4. Den Glasballon mit ca. 2¼ l Wasser zimmerwarmem abgekochtem Wasser auffüllen, und dabei ca. 2,5–5 cm Platz lassen, damit beim Gären keine Flüssigkeit austritt. Hefe und Hefenährstoff dazugeben, den Ballon mit einem Gäraufsatz verschließen und an einen warmen Platz stellen. Den Glasballon nach 1 Woche mit abgekochtem Wasser auffüllen.

5. Gären lassen, bis nahezu keine Bläschen mehr aufsteigen – 1 Monat sollte genügen. Dann den Wein durch einen Schlauch in einen sauberen Glasballon abziehen, sodass der Bodensatz zurückbleibt.

6. Den zweiten Glasballon ggf. mit zimmerwarmem abgekochtem Wasser auffüllen und mit dem Gäraufsatz verschließen. Erneut ein paar Monate warm stellen und – wenn Sie sicher sind, dass keine Gärung mehr stattfindet – eine weitere zerdrückte Sulfit-Table einrühren und den Wein in Flaschen füllen.

7. Wenn Sie scharf darauf sind, Ihr Produkt möglichst früh zu verkosten, eignet sich Rhabarberwein hervorragend, denn er ist einer der wenigen Weine, die sich bereits nach 4–5 Monaten in der Flasche zu öffnen lohnen. Lassen Sie ihn 9 Monate lang in Ruhe, dürfte sein anfänglich harsch-säuerlicher Geschmack weicher geworden sein: ein hausgemachter Weingenuss.

NOTIZ AM RANDE: **DER GROSSE VEREDLER**

Manche Leute machen Rhabarberwein nur, um ihn mit anderen Fruchtweinen zu verschneiden. Sein Geschmack ordnet sich meist dem anderer Früchte unter, verleiht dem fertigen Tröpfchen aber ein komplexeres Aroma. Mischen Sie darum Rhabarber gleich zu Beginn mit anderen Zutaten, z. B. in Kombination mit weichen Früchten, oder setzen Sie ihn ein, um Blütenweine körperreicher zu machen.

Zubereitungszeit: 45 Minuten | **Gärzeit:** 4–5 Monate | **Reifezeit:** 9 Monate

HOLUNDERBEERENWEIN

Es ist nicht verwunderlich, dass eine Beere, die in England auch als *the English grape* bekannt ist, einen der besten roten Fruchtweine hervorbringt. Aus dem kräftigen roten Saft mit seinen Tanninen lässt sich ein robuster, würziger Wein produzieren. Bei manchen Rezepten werden Unmengen von Beeren verwendet und der Wein benötigt Jahre zur Reife. Wenn Sie sich hingegen an unsere Anleitung halten, dürften Sie nicht nur früher als die meisten anderen in den Genuss Ihres Weins kommen, es sollten auch noch Beerenreste übrigbleiben, die bei einem zweiten Durchgang wiederverwendet werden können (siehe S. 22).

1 kg reife Holunderbeeren
1,25 kg weißer Zucker
Saft von 1 Zitrone
1 TL Pektinase
2 Sulfit-Tabletten
Rotweinhefe
1 TL Hefenährstoff

1. Wir empfehlen, zum Lösen der Beeren von ihren Stängeln eine Gabel zu nehmen. Lassen Sie möglichst keine unreifen oder überreifen Beeren oder grüne Stängelreste in Ihre Ausbeute gelangen, wenngleich es sich nicht vermeiden lassen wird, dass ein paar Stückchen mit durchrutschen.

2. Die Beeren in einen Lebensmitteleimer geben und mit 1,2 l kochendem Wasser übergießen. Den Deckel schließen und den Inhalt 24 Stunden ziehen lassen.

3. Die Beeren grob mit einem Nudelholz, einem Kartoffelstampfer oder den (gewaschenen) Händen zerdrücken. Den Zucker dazugeben und alles erneut mit 2½ l kochendem Wasser auffüllen. Umrühren, damit sich der Zucker auflöst.

4. Abkühlen lassen und die Flüssigkeit durch ein Passiertuch oder ein feines Sieb in den Glasballon abseihen. Den Zitronensaft, die Pektinase und eine zerdrückte Sulfit-Tablette dazugeben und umrühren.

5. Erneut für 24 Stunden beiseitestellen, dann Hefe und Hefenährstoff hinzufügen. Den Glasballon mit dem Gäraufsatz schließen und warm stellen. Oben sollte etwas Raum freibleiben, da ein heftiger Gärvorgang zu erwarten ist, sodass es bei zu hohem Füllstand zu klebrig-roten Eruptionen kommen kann.

6. Die heftige Gärung sollte nach 1 Woche zur Ruhe gekommen sein. Jetzt können Sie den Glasballon mit Wasser auffüllen. (Es sollte zuerst abgekocht und dann abgekühlt sein.)

7. Nach 1 Monat den Wein in einen sauberen Ballon abziehen und 3–4 weitere Monate stehen lassen. Dann sollte der Gärvorgang zu einem Ende gekommen und der Wein fertig zum Abfüllen sein.

8. Mit einem sterilisierten Löffel 1 Sulfit-Tablette einrühren und den Wein in Flaschen füllen. Vor dem Trinken mindestens 9 Monate reifen lassen.

NICKS TIP: SEI(H)EN SIE VORSICHTIG!

Pressen Sie nicht zu kräftig, wenn Sie den Saft durchs Sieb in den Ballon geben. Drücken Sie möglichst viel Saft aus den Beeren, das aber mit wenig Kraft, da sonst zu viel Tannin aus den Schalen in den Wein gelangt, was ihn modrig macht, sodass er länger reifen muss.

Zubereitungszeit: 40 Minuten | **Gärzeit:** 3 Monate | **Reifezeit:** 9 Monate

HOLUNDERTRESTER-PFLAUMEN-WEIN

Mit den Resten ausgepresster Trauben (Trester) in einem zweiten Durchgang erneut Wein anzusetzen, ist recht verbreitet – das kann man auch mit Holunderbeeren machen. Wenn Ihr Holunderwein angesetzt ist, steckt für eine zweite Runde noch genug leckeres Aroma im Trester und gibt Ihnen Gelegenheit, den Geschmack mit einer zweiten Fruchtzutat zu toppen. Pflaumen passen hervorragend zu Holunder. Sie können eine beliebige Sorte verwenden. Das beste Ergebnis haben wir mit einer Mischung aus Schlehen und verschiedenen Pflaumensorten* erzielt.

Trester der für den Holunderbeerenwein (siehe S. 20) verwendeten Beeren
500 g Pflaumen (Kriechenpflaumen, Haferpflaumen) oder Schlehen (zur Vorbereitung siehe Schritt 2)
2 Sulfit-Tabletten
Saft und Schale von 1 ungewachsten Zitrone
1,25 kg weißer Zucker
1 TL Pektinase
Rotweinhefe
Hefenährstoff

1. Den Holunderbeeren-Trester aus dem ersten Durchgang in einen sauberen, sterilisierten Lebensmitteleimer geben.

2. Die Pflaumen waschen. Bei großen Sorten den Stein entfernen, falls das leicht geht. Bei kleineren Pflaumen und bei Schlehen die Haut einschneiden und die Steine in den Früchten lassen. Die Früchte zum Holundertrester in den Eimer geben.

3. Eine zerdrückte Sulfit-Tablette, die Pektinase sowie Zitronensaft und -schale dazugeben. 1,2 l kochendes Wasser darübergießen, den Eimer schließen und 24 Stunden beiseitestellen.

4. Das Obst mit einem Nudelholz oder Kartoffelstampfer bearbeiten oder mit den Händen zerdrücken. Wenn die Pflaumen noch Steine enthalten, darauf achten, dass diese nicht zerbrechen.

5. Den Zucker und weitere 3½ l kochendes Wasser dazugeben. Umrühren, damit sich der Zucker auflöst, dann abkühlen lassen.

6. Hefe und Hefenährstoff zur abgekühlten Mischung geben, den Deckel locker auf den Eimer legen und den Inhalt an einem warmen Ort 5–6 Tage gären lassen. Jeden Tag mit einem sterilisierten Löffel umrühren.

7. Die blubbernde Flüssigkeit in einen Glasballon abseihen, den eventuell zurückgegangenen Flüssigkeitsstand mit abgekochtem Wasser auffüllen und den Ballon mit einem Gäraufsatz verschließen.

8. Den Wein nach 1 Monat in einen frischen Ballon abziehen, und weitere 2 Monate zu Ende gären lassen. Falls sich neues Geläger bildet, erneut abziehen.

9. Vor dem Abfüllen vorsichtig eine weitere zerdrückte Sulfit-Tablette einrühren. Den Wein in Flaschen füllen und vor dem Öffnen mindestens 9 Monate lagern.

NOTIZ AM RANDE: PFLAUMEN – UND WAS NOCH?

Zu Holunderbeeren passen beim zweiten Auspressen nicht nur Pflaumen und anderes Steinobst. Auch Brombeeren, Kirschen, Himbeeren oder – klar – eine zweite Holunderbeerenernte eignen sich gut. Wir sind sogar auf Rezepte für die ungewöhnliche Kombination Stangenbohne-Holunder gestoßen – das müssen wir aber selbst noch ausprobieren.

** Die Autoren nennen hier* damsons *und* bullaces, *die in England verbreiteter sind als hierzulande. Die beiden Sorten sind so eng verwandt, dass ihnen die deutschen Namen „Kriechenpflaume" und „Haferpflaume" nicht eindeutig zuzuordnen sind – vgl. auch Fußnote auf S. 118. (Anm. d. Übers.)*

Zubereitungszeit: 40 Minuten | **Gärzeit:** 3 Monate | **Reifezeit:** 9 Monate

HOLUNDERBLÜTENWEIN

Keine Blütensorte ist derart als kulinarische Zutat anerkannt wie Holunder. Als Geschmacksnote breitet er sich zunehmend in den Getränkeregalen aus, und auch in Desserts wird er oft verwendet, da man sich offenbar vermehrt traut, die wilden Blüten zu sammeln. Ihr anregendes Aroma macht sie zu einer tollen Zutat für Fruchtwein. Immerhin wird der Geschmack von Rebsorten wie Sauvignon Blanc oft mit Holunder verglichen – warum also nicht gleich Holunder nehmen? Man kann zwar auch ohne Zugabe weiterer Aromen einen annehmbaren leichten Wein daraus herstellen, aber wir finden, dass dieses Rezept sich darüber hinaus als Grundlage für Experimente mit zusätzlichen Obstsorten eignet, die vollmundigere, komplexere – und stärkere – Weine hervorbringen.

15–20 Holunderblütenstände*
(je nach Größe und Gründlichkeit beim Entfernen der Stängel)
Saft und Schale von 3 ungewachsten Zitronen
1,25 kg weißer Zucker
1 große Tasse schwarzer oder grüner Tee
1 Handvoll Trockenobst, klein gehackt (siehe Schritt 2)
2 Sulfit-Tabletten
1 TL Pektinase
Weißweinhefe
Hefenährstoff

1. Die Blütenstände gut durchschütteln, um Käfer oder Insekten zu entfernen, dann die Blüten abzupfen und in einen Eimer geben. Dass ein paar Stückchen Stängel mit dabei sind, lässt sich kaum vermeiden, aber achten Sie darauf, dass es nicht zu viele größere sind, da sie dem fertigen Wein eine bittere Note geben.

2. Saft und Schale der Zitronen (ohne die bittere weiße Innenhaut), den Zucker und den Tee dazugeben. Daneben können Sie verschiedene Sorten Trockenobst verwenden – am beliebtesten sind Rosinen und Sultaninen, aber auch getrocknete Feigen, Datteln oder Aprikosen eignen sich. (Wir werfen außerdem einen zerkleinerten Rhabarberstängel mit dazu, wenn gerade einer herumliegt.) All das trägt zum Körper Ihres Weins bei und kann seine Farbe beeinflussen.

3. Eine zerdrückte Sulfit-Tablette und 1 TL Pektinase dazugeben.

4. 4½ l kochendes Wasser in den Eimer gießen, den Zucker durch Rühren auflösen, den Deckel locker auflegen und alles über Nacht abkühlen lassen.

5. Hefe und Hefenährstoff dazugeben, den Eimer wieder schließen und 5–7 Tage stehen lassen. Täglich umrühren.

6. Den Wein in einen Glasballon abseihen und den Gäraufsatz daraufsetzen. Abziehen, wenn keine Bläschen mehr aufsteigen (nach ca. 1 Monat) und 2 Monate später in Flaschen füllen (zuvor eine weitere Sulfit-Tablette zugeben). Versuchen Sie, die nächste Holunderblüte abzuwarten, ehe Sie die erste Flasche öffnen – die erste Verkostung lässt sich zwar gut trinken, hat aber nicht die Qualität des reiferen Weins.

* *Riechen Sie vor dem Pflücken immer zuerst an den Holunderblüten. Bei manchen Arten erinnert der Duft an Katzenpipi – und Ihr Wein soll ja nicht wie billiges Bier schmecken …*

Zubereitungszeit: 1 Stunde | **Gärzeit:** 4 Monate | **Reifezeit:** 6–12 Monate

HOLZAPFELWEIN

Durch die bloße Erwähnung von Holzapfelwein kann man bereits die skeptischen Blicke seiner Freunde auf sich ziehen, aber Sie können uns vertrauen: Die oft strenge Säure, die man mit Holzäpfeln verbindet, wird durch Gärung und Reifung milder und beschert uns einen würzigen, tanninreichen Wein. Von Baum zu Baum findet man ganz unterschiedliche Früchte – von herben, die einem alles zusammenziehen, bis hin zu solchen mit süßlicheren Aromen. Machen Sie sich also sorgfältig Notizen, wenn Sie diesen Wein herstellen, und probieren Sie unterschiedliche Mischungen aus, bis Sie mit der Fruchtigkeit zufrieden sind.

2,7 kg Holzäpfel
Saft und Schale von 1 ungewachsten Zitrone
1,25 kg Zucker
Champagnerhefe*
Hefenährstoff
Pektinase
1 Sulfit-Tablette

1. Sammeln Sie lieber zu viele Holzäpfel als zu wenig – aus dem Rest können Sie immer noch Marmelade machen (vielleicht hat Ihre Oma ja ein Rezept). Die Äpfelchen waschen und klein hacken. Dabei die fauligen oder von Ungeziefer befallenen aussortieren.

2. 2¼ l Wasser in einem großen Koch- oder Einmachtopf zum Kochen bringen und die zerkleinerten Äpfel samt Zitronenschale und Zucker hineingeben. Die Mischung durchrühren und 20 Minuten köcheln lassen.

3. Die Flüssigkeit in einen Gäreimer abseihen, sodass die ausgekochten Apfelstücke und die Zitronenschale zurückbleiben. Erneut 2¼ l Wasser aufkochen und dazugießen.

4. Sobald die Mischung auf Zimmertemperatur abgekühlt ist, Hefe und Hefenährstoff, Pektinase und Zitronensaft dazugeben. Den Eimer schließen und alles 3 Tage gären lassen.

5. Die Mischung durch ein Passiertuch in einen Glasballon gießen, den Güraufsatz daraufsetzen und den Wein an einem warmen Ort weitergären lassen, bis fast keine Bläschen mehr aufsteigen – also etwa 4–6 Wochen.

6. Den Wein in einen sauberen Glasballon abziehen und weitere 2 Monate stehen lassen. Ehe er in Flaschen gefüllt wird, eine Sulfit-Tablette in den Ballon geben.

7. Nach 6 Monaten Reifezeit sollte der Wein eigentlich fertig sein. Falls Sie jedoch feststellen, dass er noch zu säuerlich schmeckt, lassen Sie Ihn weiterreifen, und machen Sie stattdessen einen Cider auf.

* *Hier haben wir uns auf ein Rezept von CJJ Berry gestützt, und das Ergebnis ist eines unserer Lieblingsgetränke. Wie in vielen seiner Rezepte kommt eine satte Menge Zucker zum Einsatz, daher muss es in diesem Rezept Champagnerhefe sein, denn nur sie packt das.*

APFELDIEBE AUGEN AUF!

Im Herbst sind die kleinen, gut getarnten Holzäpfel nicht leicht im Gestrüpp der Hecken zu entdecken. Spielen Sie daher im Frühling Detektiv und halten Sie Ausschau nach den typischen rosigweißen Blüten. Wenn Sie sich den Ort notieren, können Sie später im Jahr zur Ernte vorbeikommen.

Zubereitungszeit: 40 Minuten | **Gärzeit:** 3–4 Monate | **Reifezeit:** 6 Monate

FRUCHTIGER FEIGENWEIN

Manchmal werden Sie Lust verspüren, es gären zu lassen, ohne dass die Natur gerade entsprechende Früchte bereithält – dann versuchen Sie es doch einmal mit dieser exotischen Leckerei aus getrockneten Zutaten. Feigen bekommen Sie in den meisten Supermärkten oder Bioläden, Rosenblüten hat jeder Händler für Hausbrauerbedarf günstig im Sortiment. Diese Kombination mit nordafrikanischem Flair ist ein olfaktorisches Erlebnis und ergibt einen äußerst verlockenden Wein.

25 g getrocknete Rosenblütenblätter
900 g getrocknete Feigen, fein gehackt
1,15 kg Zucker
Saft und Schale von 1 ungewachsten Zitrone
1 TL Pektinase
Weißweinhefe
1 TL Hefenährstoff
2 Sulfit-Tabletten

1. Die getrockneten Blütenblätter in einen großen Kochtopf geben (am besten in einem Musselinsäckchen). 2¼ l Wasser dazugeben, zum Kochen bringen und 15 Minuten sieden lassen.

2. In der Zwischenzeit die Feigen klein hacken. Wenn Ihnen das Zerkleinern mit einem scharfen Messer zu lange dauert, versuchen Sie es doch einmal mit dem Fleischwolf oder der Küchenmaschine. Die Feigenstückchen mit dem Zucker, dem Saft und der abgezogenen Zitronenschale (aber ohne die weiße Unterhaut), der Pektinase und einer zerdrückten Sulfit-Tablette in einen Lebensmitteleimer geben.

3. Wenn die Rosenblätter genug gesiedet haben, das Wasser durch ein Passiertuch in den Eimer gießen. Erneut 2¼ l Wasser aufkochen lassen, dazugeben und umrühren, damit sich der Zucker auflöst.

4. Den Eimer abdecken und für 24 Stunden beiseitestellen, dann kommen die Hefe und der Hefenährstoff dazu. Die Mischung umrühren, den Deckel schließen und den Eimer warm stellen. An den folgenden 6–7 Tagen einmal täglich umrühren.

5. Den Wein in einen sauberen Glasballon abseihen, falls nötig mit zimmerwarmem abgekochtem Wasser auffüllen und den Ballon mit einem Gäraufsatz verschließen. Erneut warm stellen und dabei von direktem Sonnenlicht fernhalten, damit die Farbe erhalten bleibt. Wenn nach rund 1 Monat die Gärung fast zum Erliegen gekommen ist, den Wein erneut in einen Glasballon abziehen.

6. Weitere 2–3 Monate im Glasballon lassen und – wenn Sie sicher sind, dass die Gärung beendet ist – vorsichtig mit einem sterilen Löffel eine Sulfit-Tablette einrühren, ehe Sie den Wein in Flaschen füllen.

7. Wir finden, dass dieser Wein überraschend jung trinkbar ist – bereits nach 4 Monaten Reifung in der Flasche –, dennoch empfehlen wir, sich mindestens 6 Monate zu gedulden.

Zubereitungszeit: 1 Stunde | **Gärzeit:** 3 Monate | **Reifezeit:** 6–12 Monate

ANANASWEIN

Leider werden wir nie das Vergnügen erleben, in unserem feuchten, windgezausten Schrebergarten dralle Ananasfrüchte zu ernten, aber wir empfehlen, bei einer Exkursion zu Ihrem Obst- und Gemüsehändler ein paar stachelige Früchte zu besorgen und diese tropische Traumreise im Glas herzustellen. Ananaswein gehört zu den wenigen selbst gemachten Weinen, die ihre Fruchtnoten während der Gärung und bis ins Glas bewahren. Zeit also, das Baströckchen auszupacken, denn jetzt wird ein echt-hawaiianischer* Genuss in die Flasche gepackt.

2 Ananas
1,4 kg Zucker
Saft von 1 Zitrone
1 Tasse schwarzer oder grüner Tee
Champagnerhefe
Hefenährstoff
Pektinase
1 Sulfit-Tablette

1. Die Ananas vom ihrem Grün und ihrem Boden befreien, in Scheiben schneiden und würfeln.
2. 2¼ l Wasser in einem großen Koch- oder Einmachtopf zum Kochen bringen, die Ananaswürfel hineingeben und 25 Minuten köcheln lassen.
3. Währenddessen Zucker, Zitronensaft, Tee (als Tanninquelle) und 2¼ l Wasser in einen sterilen Gäreimer geben.
4. Den Inhalt des Kochtopfs durch ein Passiertuch in den Gäreimer gießen und umrühren.
5. Ist die Mischung abgekühlt, die Hefe samt Hefenährstoff und Pektinase dazugeben, den Eimer schließen und etwa 1 Woche an einen warmen Ort stellen.
6. Die Gärung sollte nun angelaufen sein. Den Inhalt in einen 4,5-l-Glasballon umfüllen und einen Gäraufsatz daraufsetzen.
7. Sobald im Gärröhrchen keine Blasen mehr aufsteigen (nach ca. 1 Monat), den Wein in einen sauberen Glasballon abziehen und weitere 2 Monate warten. 1 Sulfit-Tablette dazugeben und den Wein in Flaschen füllen.
8. Dieses fermentierte Früchtchen profitiert von einer langen Reifezeit, also lassen Sie es 6 Monate oder bis zu 1 Jahr reifen, ehe sie es genießen.

SERVIERVORSCHLAG

Mixen Sie eine sommerliche Schorle aus Wein und Sprudel zu gleichen Teilen. Wenn es extra-sprudlig werden soll, nehmen Sie Limonade und garnieren das Ganze mit einer Scheibe frischer Ananas und einem Schirmchen – das hat Klasse.

EIN NOMEN MIT OMEN

Das Wort „Ananas" stammt übrigens aus der südamerikanischen Tupi-Sprachfamilie und bedeutet so viel wie „leckere Frucht". Stimmt!

** Hawaii ist zwar die geistige Heimat des kommerziellen Ananas-Anbaus, doch ursprünglich hat Christoph Kolumbus die Frucht 1493 aus Guadeloupe nach Europa (und in die Südsee) gebracht. Dagelassen hat er Ratten, Kopfsalat und Malaria …*

Zubereitungszeit: 30 Minuten | **Gärzeit:** 3 Monate | **Reifezeit:** 6–12 Monate

GRAPEFRUITWEIN

Dieser Fruchtwein dient dem Lob und Preis der Grapefruit – der dicken gelben (oder pinkfarbenen) Frucht, die außer beim Frühstück kaum auf den Tisch kommt. Wir sind solche Grapefruit-Fans, dass wir sie hier mit Freuden rein und unverschnitten in ihrer ganzen Zitruspracht präsentieren wollen. Wenn Sie einen frischen, leichten Wein suchen, der sich einfach herstellen lässt, lassen Sie uns auf die Grapefruit trinken.

1 kg Zucker
5 große Grapefruits, gründlich gesäubert
dünn abgeriebene Grapefruit-Schale von 2 Früchten
2 Sulfit-Tabletten
Weißweinhefe
Hefenährstoff
1 TL Pektinase

1. Den Zucker in einen sauberen, sterilisierten Gäreimer geben. 1 l Wasser zum Kochen bringen, über den Zucker gießen und umrühren, damit er sich auflöst.

2. Weitere 3½ l kaltes Wasser in den Eimer gießen.

3. Die abgeriebene Schale von 2 Grapefruits in den Eimer geben. Achten Sie darauf, dass Sie nichts von der weißen Schicht unter der Schale erwischen, denn sie macht das Getränk bitter.

4. Den Saft aller 5 Früchte in den Eimer gießen und eine zerdrückte Sulfit-Tablette zu dem leckeren Zitrussaft geben.

5. Den Eimer mit dem Deckel verschließen oder mit einem sauberen Küchenhandtuch bedecken und den Inhalt 24 Stunden abkühlen lassen, dann Hefe, Hefenährstoff und Pektinase hineingeben. Zum Gären 3 Tage ruhen lassen.

6. Die Mischung durch ein feines Sieb oder ein Passiertuch in einen Glasballon abseihen, den Ballon mit dem Gäraufsatz schließen und den Inhalt in einem warmen Raum etwa 1 Monat weitergären lassen.

7. Den Wein in einen sauberen Ballon abziehen. Wahrscheinlich bildet sich nach ein paar Wochen erneut eine ordentliche Schicht Bodensatz. In diesem Fall den Wein ein zweites Mal abziehen.

8. Wenn die Gärung zum Erliegen gekommen ist – ca. 2 Monate nach dem ersten Abziehen – eine zerdrückte Sulfit-Tablette in den Ballon geben und den Wein in Flaschen füllen. Vor dem Trinken mindestens 6 Monate – besser 1 Jahr – reifen lassen.

Zubereitungszeit: 1 Stunde | **Gärzeit:** 3 Monate | **Reifezeit:** 12 Monate

ZITRONEN-LIMETTEN-WEIN

Diese klassische Zitruskombination erinnert an die Düfte bei einem Bummel durch die Hügel der Toskana (oder durch die Obst-Auslagen im Supermarkt). Ein einziges strahlend frisches Zestenfest, das jeden billigen Fruchtwein weit hinter sich lässt. Gleichwohl tut diesem Wein eine etwas längere Reifezeit gut, da sie die scharfen Zitrusnoten angenehm abrundet. Also vergären, abfüllen … und dann geduldig sein.

Saft und abgeriebene Schale von 4 ungewachsten Zitronen
Saft und abgeriebene Schale von 4 ungewachsten Limetten
1,4 kg Zucker
1 Handvoll klein gehackte Rosinen
1 Tasse starker schwarzer Tee
Weißweinhefe
Hefenährstoff
Pektinase
1 Sulfit-Tablette

1. Die abgeriebene Schale der Zitronen und Limetten in einen sterilisierten Gäreimer geben. Achten Sie darauf, dass nicht zu viel von der weißen Schicht unter der Schale mit dabei ist, da sie einen bitteren Geschmack mit sich bringt.
2. Den Zitronen- und Limettensaft in den Gäreimer geben.
3. Zucker, Rosinen und Tee hinzugeben und die Mischung durchrühren.
4. 4½ l Wasser in einem Topf zum Kochen bringen und in den Gäreimer gießen, erneut gut durchrühren und abkühlen lassen.
5. Hefe, Hefenährstoff und Pektinase zugeben, den Gäreimer mit dem Deckel verschließen oder ein Küchenhandtuch darüberdecken und das Ganze etwa 1 Woche warm stellen.
6. Jetzt, da die Gärung in Gang gekommen ist, die Mischung durch ein Passiertuch in einen Glasballon füllen und den Gäraufsatz daraufsetzen.
7. Nach rund 1 Monat dürfte die Gärung fast beendet sein. Dann den Wein in einen neuen sterilisierten Glasballon abziehen und zu Ende gären lassen – das dauert ca. 2 weitere Monate.
8. Eine Sulfit-Tablette einrühren und den Wein abfüllen, die Flaschen verkorken und zur Reifung einlagern.

NOTIZ AM RANDE: PHYTOPHOTODERMATITIS

Ein Leiden, das Barkeeper oft befällt, nennt sich Phytophotodermatitis. Sie entsteht, wenn die Haut längeren Kontakt mit bestimmten Früchten und Pflanzen hat, dadurch hypersensibel auf Sonnenlicht reagiert und zu brennen beginnt. Das kommt zwar am häufigsten bei Leuten vor, die viel mit Zitronen und Limetten hantieren, aber auch andere Pflanzen enthalten die chemischen Stoffe, die die Haut bis zur Blasenbildung reizen können, darunter Karotten, Sellerie, Petersilie und Pastinaken. Also bitte Hände waschen.

Zubereitungszeit: 1 Stunde | **Gärzeit:** 3 Monate | **Reifezeit:** 12 Monate

PASTINAKENWEIN

Pastinakenwein gehört zu den leckersten Tropfen, die man zu Hause herstellen kann, und wie uns die Besucherstatistik unserer Website verrät, ist er auch einer der beliebtesten. Seine typische Wurzelwürze ist wie geschaffen für immer neue Experimente und Feinjustierungen. Mit dem alljährlich reichen Ertrag unseres Schrebergartens können wir uns diesen Luxus gestatten, denn er liefert uns Munition für einen eskalierenden „Wein-Wettkampf", in dem wir uns eine Rezepteschlacht darum liefern, wer den edelsten Pastinaken-Tropfen zaubert. Hier kommt also Richards Meisterrezept!

1,8 kg Pastinaken, saubergebürstet und klein geschnitten
1,4 kg Zucker
Saft und abgeriebene Schale von 2 ungewachsten Zitronen
Saft und abgeriebene Schale von 1 Orange
Weißweinhefe
Hefenährstoff
Pektinase
1 Sulfit-Tablette

1. Die Pastinaken in einen großen Topf werfen und 4½ l Wasser dazugießen (oder so viel eben in den Topf passt), dann den Zucker, den Zitronen- und den Orangensaft sowie die Schalen dazugeben.

2. Vorsichtig zum Kochen bringen und solange köcheln lassen, bis die Pastinakenstücke weich sind. Die Stücke nicht zu weich kochen, denn dann zerfallen sie allmählich, und das macht später den Wein trüb.

3. Die Flüssigkeit abkühlen lassen und danach durch ein Passiertuch in einen Gäreimer gießen. Hefe, Hefenährstoff und Pektinase zugeben, mit einem Küchenhandtuch abdecken und etwa 5 Tage warm stellen.

4. Die inzwischen gärende Flüssigkeit in einen Glasballon abseihen und den Găraufsatz daraufsetzen.

5. Nach etwa 4 Wochen sollte der Gärvorgang allmählich zum Ende kommen, daher nun die Mischung in einen frischen sterilisierten Glasballon umfüllen und ausgären lassen – also ca. 2 weitere Monate.

6. Zum Schluss 1 Sulfit-Tablette einrühren, den Balloninhalt abfüllen, die Flaschen verkorken und zum Reifen mindestens 1 Jahr einlagern.

SERVIERVORSCHLAG

Pastinakenchips sind eine überaus leckere Beilage zu Pastinakenwein. Einfach mit einem Sparschäler dünne Pastinakenscheiben abschaben und auf ein Backblech legen. Die Scheibchen mit etwas Olivenöl bestreichen, ein, zwei Prisen Salz drüberstreuen und für 10 Minuten in den auf 180 °C vorgeheizten Ofen schieben.

RICH RÄT:

Wenn Sie vom Wissen der Jahrhunderte profitieren möchten, ernten Sie Pastinaken erst, wenn sie den ersten Frost abbekommen haben, und bürsten Sie sie nur ab, statt sie zu schälen. Bei Frostbefall bilden sich natürliche Zucker, und die sind – wie die Aromen – ganz außen besonders stark konzentriert.

NOTIZ AM RANDE:
WÜRZIG

Nick steht bei Pastinakenwein auf würzige Schärfe. Sein Erfolgsrezept: 10 cm Ingwer in Scheiben, eine Handvoll Rosinen und eine Zimtstange bei Schritt 4 mit in die Mischung geben.

WURZELN

Werden Zutaten für das nächste Gärvorhaben gesucht, mag Wurzelgemüse einem nicht als erster Kandidat einfallen, und doch ist es prallvoll mit dem wichtigsten Stoff, den man zur alkoholischen Gärung braucht: Zucker. Und da das Spektrum der verwertbaren Wurzeln von den Klassikern aus der Gemüsekiste bis zu wahrhaft exzentrischen Exemplaren reicht, bringen diese Zutaten aus dem Untergrund eine größere Getränkevielfalt hervor, als man für möglich halten sollte.

ALKOHOLISCHES WURZELGEMÜSE

Die in unseren Rezepten am stärksten vertretenen Wurzeln und Knollen werden in diesem Buch kaum je erwähnt: Zuckerrüben und Kartoffeln mögen zwar ein Leben im Verborgenen führen, doch bei uns spielen sie eine wichtige Rolle. Rund 20 Prozent der weltweiten Zuckerproduktion werden aus der potenten Pfahlwurzel gewonnen, während Kartoffeln eine verbreitete Wodka-Zutat sind. Da wir aber weder Zucker herstellen noch Schnaps brennen möchten, kommen rohe Wurzeln bei uns meist als Grundlage für ein weinähnliches Getränk oder als Aromalieferant für Heimgebrautes zum Einsatz. Unter unseren Zutaten ist Ingwer am häufigsten vertreten (vor allem Rich ist ein Ingwer-Junkie und verwendet ihn fast überall dort, wo es ein bisschen pikant schmecken soll), Löwenzahnwurzeln ergeben ein erfrischendes, eher leichtes Bier, Karotten, Pastinaken und Rote Bete schöne selbst gemachte Weine. Wir sind auch schon auf Rezepte für Weine aus Kartoffeln, Steckrüben und sogar Zwiebeln gestoßen – doch alle Berichte sind sich einig, dass sie so übel schmecken wie sie klingen.

WIE MAN WURZELN VERARBEITET

Karotten, Pastinaken und Rote Bete lassen sich leicht in größeren Mengen anbauen. Ziehen Sie selbst welche, bekommen Sie außerdem Gelegenheit, Sorten auszuprobieren, die man im Laden kaum antrifft – etwa die Karotte „Purple Haze" oder die geringelte Rote-Bete-Sorte „Tondo di Chioggia". Verwenden Sie Wurzeln zum Vergären, ernten Sie sie am besten nach dem ersten Frost, denn dann enthalten sie den meisten Zucker. Wie die Aromen ist er zum Großteil knapp unterhalb der Schale konzentriert, weshalb Sie die Wurzeln nur sauber schrubben und nicht schälen sollten. Wurzeln, mit denen man Weine und Spirituosen aromatisiert (siehe rechte Spalte) eignen sich seltener zum Selbstanbau. Wollen Sie also aus Ihren Getränken mit einer Wurzelzutat etwas Besonderes machen, müssen Sie sie wahrscheinlich getrocknet oder als Aromaextrakt in einem Kräuterladen beziehen oder online bestellen.

FÜR SIE AUSGEGRABEN

ORIGINELLE WURZELZUTATEN

Meerrettich: Ein besonders kräftiges Aroma für Wodka, das auch einer Bloody Mary mehr Wumms verleiht.

Runkelrübe: Diese Rübe wird vor allem als Viehfutter angebaut, aber es gab auch Zeiten, als man auf dem Lande Bier und Wein daraus herstellte.

Dandelion & Burdock: Ein in England berühmtes Erfrischungsgetränk mit Kohlensäure aus den Wurzeln von Löwenzahn und Großer Klette. Wir empfehlen die alkoholhaltige Variante.

Zuckerwurzel (siehe Abb.): Es wird vermutet, dass diese wenig bekannte mehrjährige Pflanze, eine Verwandte der Pastinake, eine der ersten Aromazutaten für Bier war.

Süßholz und andere Aromen: Sein starker Anisgeschmack macht Süßholz zu einem beliebten Wurzelstoff, um alkoholische Getränke zu aromatisieren. Zu den weniger bekannten Wurzelaromen gehören Enzian (der Wermut und Bitter-Bieren ihre bittere Note gibt) Sassafras (das ursprüngliche Aroma für Root Beer) und Angelikawurzel (die Getränken eine kräftige wacholderähnliche Kräuternote verleiht).

Zubereitungszeit: 30 Minuten | **Gärzeit:** 3–4 Monate | **Reifezeit:** 6 Monate

MINZWEIN

Wenn es im Garten nur so sprießt und wir gerade im Vergärer-Modus sind, schnappen wir uns manchmal ein beliebiges Nahrungsmittel und machen Wein daraus – ohne großartige Erwartungen, aber mit der Hoffnung auf eine Überraschung. Unser Gebräu aus Erbsen- und Bohnenschoten muss man nicht nachmachen, aber einer unserer Zufallstreffer ist diese Kreation aus Minze. Das Trockenobst steuert einen kräftigen Weinkörper bei, den die Minze mit einer angenehm prickelnden Frische abrundet. Eiskalt serviert, hat sich dieser Minzwein zum Lieblingsgetränk beim Grillen entwickelt und kommt auch als sprudelnde Schorle oder Radler gut an.

150 g frische Minzblätter ohne Stängel
1,2 kg Zucker
2 Sulfit-Tabletten
1 Tasse schwarzer oder grüner Tee
1 Handvoll Sultaninen oder anderes Trockenobst (etwa Rosinen, Feigen oder Aprikosen), gehackt
Saft von 2 Zitronen
Weißweinhefe
Hefenährstoff

1. Die Minzblätter gründlich säubern und in 2¼ l Wasser etwa 10 Minuten auskochen.

2. Währenddessen den Zucker, 1 zerdrückte Sulfit-Tablette, den Tee und die Sultaninen in einen Gäreimer geben.

3. Wenn die Minze ausgekocht ist, die heiße Minzbrühe in den Eimer abseihen und die nassen Blätter in den Topf zurückgeben, um sie erneut 10 Minuten in 2¼ l frischem Wasser auszukochen.

4. Auch die zweite Ladung Wasser in den Eimer abseihen und umrühren, damit sich der Zucker auflöst.

5. Den Eimer mit dem Deckel verschließen oder mit einem sauberen Küchenhandtuch abdecken und über Nacht abkühlen lassen. Am nächsten Morgen den Zitronensaft dazugießen und anschließend Hefe samt Hefenährstoff hinzugeben. Den Eimer an einen warmen Ort stellen und den Inhalt 3–5 Tage gären lassen.

6. Anschließend in einen Glasballon geben, den Gäraufsatz daraufsetzen und die Mischung im Warmen etwa 1 Monat weitergären lassen.

7. Den Wein in einen sauberen Ballon abziehen und ausgären lassen. 2–3 Monate sollten genügen. Wenn die Gärung zum Ende gekommen ist, eine zerdrückte Sulfit-Tablette in den Glasballon geben und den Wein in Flaschen füllen.

8. Nach 6 weiteren Monaten sollte Ihr Wein trinkfertig sein.

NICKS TIPP:
KOCHWEIN

Zwar scheint der bloße Gedanke, Ihren selbst gemachten Wein zum Kochen zu verwenden, eine Schande, doch er kann als Weinersatz bestimmten Gerichten eine besondere Note geben. So ist Minzwein in frischem Spinat mit Erbsen oder in Brennnessel-Risotto eine echte Gaumenfreude.

Zubereitungszeit: 1 Stunde | **Gärzeit:** 3 Monate | **Reifezeit:** 6 Monate

EICHBLATTWEIN

Wer Wein mit Eichenaroma liebt, muss nicht lange suchen, denn nichts schmeckt mehr nach Eiche als diese Blättermischung. Wir haben diesen Wein sowohl mit frischen Frühlingsblättern ausprobiert als auch mit älterem Laub, das wir kurz vor Herbstanfang geerntet haben. Es reichert sich im Jahreslauf so sehr mit Tanninen an, dass deren adstringierender Effekt bei „reiferen" Blättern besonders stark zur Geltung kommt. Die Zitrusfrüchte in diesem Wein bilden ein Gegengewicht zum Tannin: Ohne sie könnte man ebenso gut Rinde kauen.

1 Einkaufstüte Eichenblätter
1,4 kg Zucker
Saft und abgeriebene Schale von 2 Orangen
Saft und abgeriebene Schale von 2 ungewachsten Zitronen
Weißweinhefe
Hefenährstoff
1 Sulfit-Tablette

1. Die Eichenblätter waschen, sodass sie von jeglichen Schädlingen befreit sind, dann in einen Gäreimer oder einen großen Topf geben.

2. 4½ l Wasser in einem anderen Topf zum Kochen bringen und über die Blätter gießen. Den Deckel schließen oder ein Geschirrtuch über den Eimer legen und die Mischung 24 Stunden ziehen lassen.

3. Die Flüssigkeit durch ein Passiertuch abseihen und den Zucker dazugeben. Umrühren und dann Schale und Saft der Orangen und Zitronen hinzufügen.

4. Die Mixtur aufkochen und 20 Minuten köcheln lassen – aber nicht übertreiben.

5. Vom Herd nehmen und abkühlen lassen, dann in einen Glasballon abseihen. Die Weißweinhefe und den Hefenährstoff dazugeben, den Ballon mit dem Gäraufsatz schließen und zum Gären warm stellen.

6. Den Wein in einen sauberen Glasballon abziehen, wenn der Gärvorgang allmählich zum Erliegen kommt (nach rund 4–6 Wochen). Anschließend etwa 2 weitere Monate zu Ende gären lassen.

7. Vor dem Abfüllen in Flaschen 1 Sulfit-Tablette in den Ballon geben und den Wein mindestens 6 Monate reifen lassen, ehe Sie ihn genießen.

RICH RÄT: KÄFERFANG

In Eichenblättern hausen zwar viele Insekten, aber sie müssen nicht alle entdecken, ehe Sie loslegen. Wenn das kochende Wasser dazukommt, steigt alles lästige Getier wie von Zauberhand nach oben, wo Sie es leicht mit dem Schaumlöffel abschöpfen können.

Zubereitungszeit: 1 Stunde | **Gärzeit:** 4 Monate | **Reifezeit:** 6 Monate

MET – LEICHT GEMACHT

Met hat seinen Ursprung in grauer Vorzeit, aber die Waliser (wahre Getränke-Experten) behaupten, er sei schon ihr Lieblingsgetränk, seit die Römer 47 v. Chr.* zum ersten Mal Bienen über die Severn Bridge getrieben haben. Während seine berüchtigt lange Reifezeit viele Leute abschreckt, wird Ihnen dieses einfache Rezept früher als die meisten anderen zu trinkfertigem goldenem Nektar verhelfen. Wenn Sie es irgendwie möglich machen können, verwenden Sie Honig aus Ihrer Gegend vom Imker vor Ort, das ergibt eine bessere Qualität. Ansonsten tut's auch Bio-Honig aus dem Laden.

1,5 kg Honig
1 Apfel, gehackt
125 g klein gehackte Rosinen
Saft von 1 Zitrone
Champagnerhefe
Hefenährstoff
1 Sulfit-Tablette

1. 1 l Wasser in einen Topf füllen und den Honig dazugeben. (Wenn man Honiggläser 5 Minuten in warmes Wasser stellt, lässt sich der Honig leichter ausgießen.)

2. Die Mischung bei niedriger Hitze erwärmen und umrühren, damit sich der Honig gut mit dem Wasser verbindet.

3. Den sich bildenden Schaum mit einem Kochlöffel o. Ä. abschöpfen.

4. Wenn sich kein Schaum mehr bildet, jubeln und den Topf vom Herd nehmen.

5. Sobald die Mischung ausreichend abgekühlt ist, in einen sauberen Glasballon geben und mit 3½ l Wasser auffüllen.

6. Zuerst die Apfelstücke, die Rosinen und den Zitronensaft, dann die Hefe samt Hefenährstoff dazugeben und alles gründlich umschwenken.

7. Den Glasballon locker mit einem Wattebausch verstopfen, damit Ihnen keine Luftkeime den Met verderben, und 2–3 Tage warm stellen, sodass sich gesunde Hefezellen bilden.

8. Sobald der Gärprozess in Gang gekommen ist, den Ballon mit einem Gäraufsatz verschließen und an einen kühlen Ort stellen.

9. Nach 2 Monaten den Inhalt in einen sauberen Glasballon abziehen (wobei die Fruchtstückchen zurückbleiben) und stehenlassen, damit sich die Schwebstoffe absetzen.

10. Erneut 2 Monate abwarten, dann eine Sulfit-Tablette dazugeben, den Met in Flaschen füllen und weitere 6 Monate reifen lassen.

ODINS ZIEGE

In der nordischen Mythologie besaß Odin eine zahme Ziege namens Heidrún, die bei einem Baum auf dem Dach von Walhalla graste. Wenn man höflich „Bitte" sagte, gab sie aus ihrem Euter Met, um den Durst der gefallenen Krieger unten in der Halle zu stillen.

* *völlig unbelegtes historisches Datum*

HONIG

Honig zu vergären war der erste Versuch der Urmenschen, Alkohol herzustellen. Seit dieser Zeit macht man sich das flüssige Gold zunutze, um Met herzustellen (das bekannteste alkoholische Honigerzeugnis) oder um Bier, Cider, Cocktails und Schnäpse damit zu aromatisieren. Ganz gleich, was das Ziel Ihres Brauvorhabens ist: Honig können Sie garantiert dabei verwenden.

FLOWER POWER

Am besten, man versorgt sich mit Honig aus der eigenen Umgebung, wenngleich der heimatnahe Ansatz die Auswahl womöglich stark begrenzt. Kleine Imkerbetriebe können den Geschmack des Honigs nur schwer steuern, da er stark von den Blüten abhängt, aus denen die Bienen Nektar gewinnen. Jäger und Sammler des Supermarkts haben dieses Problem natürlich nicht, denn sie können aus einer Vielzahl von Aromen wählen.

Den Ausschlag geben sollte das Getränk, das sie herstellen möchten. Sorten mit sattem Geschmack, wie Heidehonig, eignen sich hervorragend für Weine und Met, während Sie dezentere Aromen, etwa von Orangenblütenhonig, vorziehen sollten, wenn Sie etwa Honigbier brauen, oder einen Cocktail durch kräftige Süße anreichern wollen, ohne dabei die zarteren Noten anderer Zutaten zu übertönen.

FLÜSSIG BLEIBEN

Honig besteht zum größten Teil aus Fruktose und Glukose, deren Verhältnis die Konsistenz bestimmt. Honig mit hohem Fruktoseanteil ist eher flüssig und klar, während Sorten mit prozentual hohem Glukosegehalt schneller auskristallisieren. Das beeinflusst zwar nicht den Geschmack, aber zur Weiterverarbeitung ist flüssiger Honig praktischer, weil man ihn ohne Gewaltanwendung aus dem Glas bekommt. Um festen Honig zu verflüssigen, kann man ihn sanft erwärmen. Aber Vorsicht: Überhitzen Sie ihn nicht, denn so zerstören Sie seine floralen Aromen.

GEDULD IST GEFRAGT

Met- und Fruchtweinfreunde und alle, die Honig vergären möchten, aufgemerkt! Überraschenderweise fehlen im Honig die Nährstoffe, die Hefe benötigt, um den Gärprozess zu starten. Daher muss Hefenährstoff mit der Hefe zugesetzt werden, damit die Sache in Gang kommt. Ist sie allerdings einmal in Gang, hört sie so leicht nicht wieder auf, denn Honig ist berüchtigt für seine langandauernde Gärung. Richten Sie sich also auf eine gewisse Wartezeit ein.

FÜTTERT DIE BIENEN!

Mit diesen Bienen-Lieblingspflanzen verwandeln Sie Ihren Schrebergarten in ein Paradies für Pollensammler.

Heckenrose: Sie bringt nicht nur herrliche Blüten hervor, sondern liefert allherbstlich Hagebutten, aus denen man leckeren Sirup gewinnt, der wiederum für Hagebutten-Cider gebraucht wird (siehe S. 62).

Rosmarin: Bienen tummeln sich um diese Lieblingspflanze. Was noch besser ist: Mit ein, zwei Zweigen kann man langweiligen Gin-Tonic aufpeppen.

Holzapfel: Die Blüten der Sorten „John Downie" und „Golden Hornet" strotzen vor Pollen und Nektar. Außerdem helfen ihre winzigen tanninreichen Früchte dünnem Cider geschmacklich auf die Sprünge.

Salbei: Bienen lieben seine duftenden Blüten, und aus den Blättern kann man einen Wein mit intensivem Kräuteraroma herstellen. (Wir heben uns unseren Salbei allerdings lieber für gefüllte Brathähnchen auf.)

Schafgarbe: Bienen fliegen vor allem auf gelbe Schafgarbe – versuchen Sie es einmal mit der robusten Sorte „Coronation Gold". Ihre Stängel und Blätter können mit ihren Bitterstoffen auch beim Bierbrauen eingesetzt werden.

Zubereitungszeit: 1 Stunde | **Gärzeit:** 3–4 Monate | **Reifezeit:** 12 Monate

RHODOMEL (HAGEBUTTEN-MET)

Der Rosenbusch ist ein stacheliges Monster, das seine Früchte nicht kampflos herausgibt. Aber für den Raub einer Tüte seiner vielseitig verwendbaren, Vitamin-C-reichen Beeren, die diesen Met verfeinern, kann man ruhig ein paar Kratzer riskieren. Kombinieren Sie Hagebutten nach Möglichkeit mit einem leichten Honig, damit ihre zarten fruchtigen Aromen nicht untergehen.

450 g Hagebutten
1,5 kg Honig
Saft und abgeriebene Schale von 1 ungewachsten Zitrone
60 g klein gehackte Rosinen
Champagnerhefe
Hefenährstoff
1 Sulfit-Tablette

1. Die Hagebutten waschen, im Mörser zerstampfen (oder in eine Tüte oder ein Handtuch packen und mit dem Nudelholz zerdrücken), anschließend in ein Musselinsäckchen stopfen.

2. Das Säckchen in einen mit 2 l Wasser gefüllten Topf geben, das Wasser zum Kochen bringen und 20 Minuten köcheln lassen. Aufsteigenden Schaum abschöpfen. Vom Herd nehmen und 24 Stunden ziehen lassen.

3. Die Flüssigkeit abseihen und das Säckchen entfernen. Den Honig in das Hagebuttenwasser geben, sanft erhitzen und umrühren, bis beides gut vermischt ist.

4. Saft und Schale der Zitrone sowie die Rosinen dazugeben. Alles kurz durchrühren und in einen Gäreimer geben.

5. 2½ l Wasser zum Kochen bringen, in den Gäreimer gießen und abkühlen lassen.

6. Die Champagnerhefe samt Hefenährstoff dazugeben, mit einem Küchenhandtuch bedecken und 3 Tage stehenlassen.

7. Einen Trichter mit einem Passiertuch auskleiden, auf einen sauberen Glasballon setzen und den Inhalt des Gäreimers hineingießen. Eventuell müssen Sie den Ballon auffüllen: Gießen Sie zimmerwarmes abgekochtes Wasser hinzu, sodass er bis zum Hals gefüllt ist. Den Gäraufsatz daraufsetzen und den Inhalt gären lassen.

8. Ist der Gärprozess beendet (nach ca. 2 Monaten), den Met in einen sauberen Glasballon abziehen.

9. Falls nötig, den Ballon mit Wasser auffüllen, wieder mit dem Gäraufsatz verschließen, und den Met weitere 1–2 Monate ruhen lassen.

10. Vor dem Abfüllen 1 Sulfit-Tablette dazugeben und den Met mindestens 1 Jahr in der Flasche reifen lassen, ehe Sie ihn genießen.

NOTIZ AM RANDE: KULTURHAGEBUTTEN

Hagebutten von wilden Heckenrosen ergeben den leckersten Met und Sirup, aber auch domestizierte Sorten können Sie verwenden. Wegen ihrer riesigen Hagebutten, die voller Kerne stecken, plündern wir die Sträucher der Kartoffel-Rose *(Rosa rugosa)* besonders gern.

Zubereitungszeit: 1 Stunde | **Gärzeit:** 3–4 Monate | **Reifezeit:** 12 Monate

WINTERMET

Aus Met mit Kräutern und Gewürzen entsteht ein uraltes Getränk namens Metheglin. Einst wurde ihm eine Heilwirkung nachgesagt, aber das ist natürlich eine beliebte Ausrede … Wir haben ein wahres Füllhorn adventlicher Aromen in unsere festliche Weihnachtsvariante gegeben, und obendrein ein paar kräftige Kräuter aus dem Schrebergarten hineingetan. Nur als Heilmittel gegen nach-weihnachtlichen Kater taugt das Getränk wahrscheinlich nicht.

3 EL Petersilie
3 EL Zitronen-Thymian
1 EL Salbei
1 EL Rosmarin
1 Stück Ingwer, ca. 5 cm lang, geschält und grob gehackt
10 Gewürznelken
1 Zimtstange
1,5 kg Honig
Champagnerhefe
Hefenährstoff
1 Sulfit-Tablette

1. Die Kräuter fein hacken, die Gewürze zerdrücken, beides in ein Baumwollsäckchen geben und so eng verschnüren, dass es durch den Hals des Glasballons passt.

2. 2 l Wasser mit dem Kräutersäckchen in einem Topf zum Kochen bringen und 15 Minuten köcheln lassen. Vom Herd nehmen und 24 Stunden ziehen lassen.

3. Das Säckchen herausnehmen und beiseitelegen, dann den Sud abseihen. Den Honig in das aromatisierte Wasser geben, die Mischung zum Köcheln bringen und sorgfältig umrühren, bis beides gut durchmischt ist. Weitere 2½ l Wasser aufkochen, dazugeben und die Mischung abkühlen lassen.

4. Das Gemisch vorsichtig in einen Glasballon umgießen, das Kräutersäckchen hineinschieben (zur Not aus dem Müll fischen, wenn Sie eben nicht aufgepasst haben), und anschließend die Champagnerhefe samt Hefenährstoff dazugeben.

5. Den Ballon mit dem Gäraufsatz schließen und die einsetzende Gärung abwarten. Sie sollte nach ein paar Tagen in Gang kommen und rund 2 Monate andauern.

6. Wenn der Gärvorgang allmählich zu Ende geht, den Met in einen sauberen Glasballon abziehen. Zurück bleibt das Baumwollsäckchen.

7. Den Ballon mit Wasser auffüllen, erneut mit dem Gäraufsatz verschließen und den Met weitere 1–2 Monate ruhen lassen.

8. Wenn die Gärung ganz zum Erliegen gekommen ist, zuerst eine zerdrückte Sulfit-Tablette in den Glasballon geben, dann den Met in Flaschen füllen und mindestens 1 Jahr reifen lassen, ehe Sie in den Genuss seiner verjüngenden Kräfte kommen.

RICH RÄT: ERST AUFGIESSEN!

Dieses Rezept lädt zum Herumexperimentieren mit verschiedenen Zutaten ein. Aber kosten Sie die Aromen Ihrer Kräuter- und Gewürzmischung zuerst als „Kräutertee", ehe Sie den Met ansetzen. So verschwenden Sie keinen wertvollen Honig …

GRUNDLAGEN FÜR CIDER

Cider herzustellen ist immer so einfach oder so schwierig, wie Sie es sich machen. Eigentlich muss man nur Apfelsaft in einem Eimer auf natürlichem Weg gären lassen, doch eine etwas differenziertere Vorgehensweise verdient Cider schon. Winzer würden ihre Trauben ja auch nicht so behandeln, also sollten wir Cider-Macher es auch mit unseren Äpfeln nicht tun.

Es gibt zwar bei der Cider-Herstellung viele Parameter, die sich (etwa jahreszeitenabhängig) auf das fertige Getränk auswirken, doch seinen Geschmack und seinen Stil prägt vor allem die Mischung der Apfelsorten – das ist die wahre Kunst. Bei Ihren ersten vorsichtigen Schritten als Cider-Macher raten wir Ihnen, mit kleinen Mengen anzufangen und sich sorgfältig Notizen zu machen, die Sie bei kommenden Brauvorhaben zu Rate ziehen können.

WELCHE ÄPFEL EIGNEN SICH?

Cider können Sie aus allen Apfelsorten herstellen – es hängt ganz davon ab, welche Sie gerade bekommen können und welche Ihnen schmecken. Wahrscheinlich werden Sie größtenteils aus den umliegenden Gärten geschnorrte (oder geklaute) Dessert- oder Essäpfel verwenden. Eine Mischung dieser Sorten wird Ihnen einen Cider im Stil der Eastern Counties oder einen Apfelwein nach deutscher Art mit klaren, säuerlichen Noten bescheren. Wenn Sie das Glück haben, an Cider-Äpfel zu kommen und alles nach Plan läuft, können Sie einen volleren, runderen, tanninreicheren Cider im sogenannten West-Country-Stil brauen.

DIE FRÜCHTE VORBEREITEN

Waschen Sie die Äpfel kurz ab und reinigen Sie verschmutzte Stellen. Sortieren Sie faule Früchte aus. Absolut nötig ist das Abwaschen vor dem Pressen allerdings nicht, da Krankheitserreger den Alkoholgehalt von fertig fermentiertem Cider nicht überstehen. Es ist hingegen davon abzuraten, den frischgepressten Saft zu trinken, vor allem dann, wenn Sie die Äpfel auf Obstwiesen gesammelt haben, wo zuvor das Vieh in fröhlicher Unschuld seine Exkremente verteilt hat.

DIE ÄPFEL MAHLEN

Äpfel müssen vor dem Pressen zerkleinert werden, damit Sie möglichst viel Saft gewinnen. Während das bei Weintrauben relativ leicht geht – ein bisschen Druck von des Winzers Zehen, schon geben sie ihren Saft frei – wollen Äpfel etwas mehr gebeten werden, damit sie sich von ihrem trennen.

Vor dem Auspressen müssen die Äpfel also zu einem groben Brei zermahlen werden, was – abhängig von Budget und Obstmenge – auf unterschiedliche Art geschehen kann. So gibt es Obstmühlen in verschiedensten Größen zu kaufen – von kleinen Maschinchen mit Handkurbel bis hin zu großen Obsthäckslern, die besonders auf saftige Äpfel und Ähnliches ausgelegt sind. Für kleine Cidermengen hingegen reicht ein hölzerner Zaunpfahl (oder ein ähnlich großes Stück Holz), mit dem man die klein geschnittenen Äpfel in einer großen Wanne zerstampft: eine billige und effektive (wenngleich etwas mühsame) Variante.

BITTE STERIL!

Liebe Puristen, habt keine Scheu vor der Zugabe von Sulfiten. Früher hat man die Ciderfässer durch Abbrennen von Schwefel von innen sterilisiert. Sulfitzugabe ist nur die moderne Vorgehensweise.

AUSPRESSEN

Nicht nur für Häcksler, auch für Pressen gibt es auf dem Markt ein vielfältiges Angebot. Wir haben viele Jahre lang eine kleine Korbpresse (für 12 Liter) verwendet, die uns gute Dienste geleistet hat. Überschreitet man jedoch die 100-Liter-Grenze, kann das ein bisschen zeitaufwendig werden. Wenn Sie also zu solchen Mengen vordringen (und das werden Sie, denn Cider-Machen macht süchtig!) müssen Sie in größeren Maßstäben denken. Nach traditionellem Vorbild gestaltete Packpressen bringen eine größere Saftausbeute, da die zerkleinerten Äpfel in Tücher gepackt und zwischen übereinandergeschichtete Platten aus Plastik oder Holz auf die Presse gepackt werden. Durch den Druck werden dann die Platten gegeneinander gedrückt und pressen den Saft viel effizienter aus den Früchten.

Man kann solche Pressen kaufen (Spezialfirmen wie Vigo freuen sich immer über neue Kunden) oder, wenn Sie Heimwerker sind, auch den Versuch wagen, sich selbst eine zu bauen. Eine solche Presse im Eigenbau lässt sich aus einem stabilen Holz- oder Metallrahmen, einem Tablett oder Bottich zum Auffangen des Safts am unteren Ende und einem Wagenheber zum Druckaufbauen zusammenzimmern.

ZUSÄTZE VOR DER GÄRUNG

Wenn Sie die Äpfel ausgepresst und Ihren Gärbehälter gefüllt haben (dabei oben immer ein bisschen Luft lassen), können Sie die Zugabe von ein paar chemischen Stoffen vor der Gärung in Erwägung ziehen. Sulfit (in Form einer Tablette) tötet unerwünschte Hefen ab, die Ihrem Cider einen üblen Beigeschmack geben können, während es das Wachstum der nützlichen Hefen fördert. Vielleicht möchten Sie aber auch auf Sulfite verzichten, vor allem, wenn Sie vorhaben, Ihren Cider jemandem zu servieren, der auf diese Stoffe allergisch reagiert.

Wenn Sie vor allem Essäpfel verwendet haben, ist es außerdem ratsam, an diesem Punkt Pektinase (Antigel) hinzuzugeben. Das Enzym verhindert die Entstehung von Pektin im Cider, das zu einer Trübung des Getränks und zu unansehnlichen Klumpen führen kann – ähnlich wie bei einer Lavalampe.

HEFE ZUGEBEN – ODER LIEBER NICHT?

Natürliche wilde Hefen kommen ohnehin auf (und in) den Äpfeln vor und vermehren sich im ausgepressten Saft. Nach einigen Tagen wird die Gärung in ernstzunehmendem Umfang ihren Lauf nehmen. Zwar kann dieser Vorgang spannende komplexe Geschmacksnoten hervorbringen, doch eigentlich ist die Gärung mit wilden Hefen eher unvorhersehbar. Wenn Sie auf Nummer sicher gehen wollen, kaufen Sie sich spezielle Cider-Hefe. Gibt man sie in den Saft, verdrängt die Kulturhefe ihre wilden Verwandten und setzt die Gärung in Gang.

NOTIZ AM RANDE: APFELMENGE

Für einen 4,5-Liter-Glasballon voll Cider müssen Sie etwa 9 kg Äpfel sammeln. Natürlich hängt viel von den verfügbaren Sorten ab (manche sind saftiger als andere) und davon, mit welchen Verfahren Sie die Äpfel zerkleinern und auspressen.

Wir haben die Apfelmengen in den folgenden Rezepten anhand der „Pi-mal-Daumen-Methode" beim Zerstampfen und unter Einsatz einer Korbpresse beim Entsaften ermittelt.

WAS KANN SCHIEFGEHEN?

Geraten Sie nicht in Panik, wenn etwas aus dem Ruder läuft. Oft gibt es ein einfaches Gegenmittel.

Hefefilm: Ein solcher Film entsteht oft vor dem Einsetzen der Gärung durch Luftkontakt. Das sieht zwar unschön aus, beeinträchtigt aber nur die oberste Flüssigkeitsschicht, wenn Sie ihn zügig entfernen. Das macht man am besten mit einem Schaumlöffel und bringt dann den gärenden Saft im Glasballon unter Verschluss, damit so etwas nicht noch einmal passiert.

Gärstopp: Manchmal kann die Gärung stoppen, obwohl der Saft noch gärfähigen Zucker enthält. 20 Minuten kräftiges Umrühren mit einem langstieligen Löffel sollte die Sache wieder in Gang bringen. Falls nicht, versuchen Sie es mit etwas mehr Hefenährstoff, und stellen Sie das Gärgefäß an einen wärmeren Ort.

Ansäuerung: Luftkontakt, schlecht gereinigtes Gerät oder die gefürchtete Fruchtfliege – all das kann zu einem sauren, essigartigen Beigeschmack führen. Versichern Sie sich zur Vorbeugung, dass Deckel, Stopfen und Gärverschlüsse gut schließen, und lassen Sie nur sterilisiertes Gerät mit dem wertvollen Saft in Berührung kommen.

Fadenziehen: Dieser schlimme Fehler verwandelt Cider in eine zähflüssige Suppe. Er wird durch Milchsäurebakterien ausgelöst und tritt vor allem auf, wenn der Cider nicht mit Sulfit versetzt wurde. Kräftiges Rühren und zwei Sulfit-Tabletten pro 1,4 Liter müssten Abhilfe schaffen.

DICHTHALTEN

Wenn sich die Hefezellen zu Anfang des Gärprozesses fleißig vermehren, ist Luftkontakt für den Saft förderlich. So kann die Hefe starke Zellwände ausbilden. Verstopfen Sie daher den Gärbehälter mit einem Wattebausch, der zwar Luft durchlässt, aber eine Kontamination über die Luft verhindert. Geht das anfängliche Schäumen allmählich zurück, ersetzen Sie die Watte durch einen Gärverschluss.

ABZIEHEN UND REIFEN LASSEN

Die Gärung Ihres Ciders sollte sich über einen Zeitraum von 2 Wochen bis zu einigen Monaten erstrecken. Das hängt von der Apfelsorte und der Temperatur, bei der der Gärbehälter gelagert wird, ab. Stellen Sie ihn im Schuppen oder der Garage kühl, schreitet die Gärung viel langsamer voran als in der Wohnung, doch beim Vergären gilt: Je langsamer desto besser, da der Cider so seine fruchtigen Geschmacksnoten besser bewahrt.

Ehe er bereit für die Flasche ist, sollte er in einen sauberen Glasballon umgefüllt werden, wobei der schmierige Bodensatz zurückbleibt (das wird „abziehen" oder „Abstich" genannt). Der geeignete Zeitpunkt ist gekommen, wenn die Gärung fast beendet ist. Wenn Sie schließlich glauben, dass der Cider zur Abfüllung bereit ist, prüfen Sie, ob tatsächlich nichts mehr gärt, indem Sie mit einem Hydrometer das Mostgewicht bestimmen. Bei Werten unter oder maximal 1005 ist er soweit. Vielleicht warten Sie aber noch einen Monat ab, ob eine malolaktische Gärung eintritt (siehe S. 51).

Geben Sie vor der Abfüllung pro 4½ Liter Cider eine Sulfit-Tablette hinzu, um ihn vor Bakterieninfektionen zu schützen.

CIDER NACH IHREM GESCHMACK

Wenn Sie unserer Anleitung folgen, sollte dabei ein netter trockener Cider herauskommen. Alles was ein bisschen süßer sein soll, ist auch ein bisschen komplizierter.

Keeving ist eine überlieferte Methode, die französische Cidre-Brauer und alle schätzen, die viel Geduld haben. Dabei geht es ein bisschen zu wie in der Hexenküche: Kalzium wird in einem Saft aus nährstoffarmen Äpfeln dazu angeregt, mit Pektin zu reagieren. Der dabei entstehende natursüße Cider kann abgefüllt werden, ohne dass die Gefahr besteht, dass die Gärung wieder einsetzt.

Für Amateure, die nur kleine Mengen herstellen, ist süßer Cider mit Abstand am leichtesten mit einem künstlichen, nicht fermentierbaren Süßstoff umzusetzen, der kurz vor der Abfüllung hinzugegeben wird. Dazu eignet sich am besten Sucralose (die allerdings recht teuer ist). Wenn Sie es sprudelnd mögen, geben Sie vor dem Abfüllen 10 Gramm Zucker pro Liter Cider hinzu. Das setzt eine zweite Gärung in Gang und führt zwar zu geringem Bodensatz, was aber durch die sprudelnde Frische mehr als aufgewogen wird.

MALOLAKTISCHE GÄRUNG

Mit etwas Glück kommt dieser wundersame chemische Prozess in Gang, wenn es im Frühling wärmer wird, was im Geläger ihres Ciders die sogenannte Autolyse fördert. Dabei entstehen nützliche Bakterien, die den Säuregehalt senken und für einen milderen, runderen Geschmack sorgen.

Zubereitungszeit: 1 Stunde | **Gärzeit**: 2–6 Monate | **Reifezeit**: 4 Monate

FARMHOUSE CIDER

Manche finden, dass Cider das herrlichste Getränk des Menschen ist – doch wer in seiner Jugend unliebsame Erfahrungen damit gemacht hat, hält es für eines der schlimmsten. Aber vergessen Sie Ihre Vorurteile, denn das hier schmeckt ganz anders als das allermeiste, was es im Supermarkt in Flaschen gibt. So macht man einen simplen, schnörkellosen trockenen Cider, wie er sich gehört.

9 kg Äpfel (Cider-Äpfel oder eine Mischung aus Koch- und Essäpfeln, siehe S. 61)
1 Sulfit-Tablette

OPTIONAL:
Cider-Hefe
1 TL Pektinase
1 TL Zucker pro Flasche (zum Ankurbeln der Flaschengärung)

1. Die Äpfel zum Zermahlen vorbereiten: gründlich waschen, wenn sie von einer Wiese stammen, und alle angefaulten Früchte aussortieren.

2. Die Äpfel halbieren oder vierteln und in einem der auf S. 46 beschriebenen Verfahren zermahlen.

3. Die Maische in die Obstpresse oder ggf. in Ihre Behelfskonstruktion geben und den Saft direkt in einen Glasballon auspressen.

4. Eine Sulfit-Tablette in den Glasballon geben, den Ballon zudecken und 24 Stunden stehen lassen.

5. Die Öffnung des Glasballons locker mit Watte verstopfen und geduldig auf das Einsetzen der Gärung warten. Nach ein paar Tagen ist es soweit. Wollen Sie sich nicht auf Mutter Natur und ihre wilden Hefen verlassen, helfen Sie ihr mit etwas Cider-Hefe auf die Sprünge. Wenn Sie gleichzeitig etwas Pektinase hinzugeben, sinkt die Gefahr, dass der Cider trüb wird oder sich Pektin-Klumpen bilden.

6. Wenn die anfängliche Gärung zur Ruhe kommt, den Gärverschluss auf den Ballon setzen und das Gefäß an einen kühlen Ort stellen, wo der Cider einige Wochen weitergärt.

7. Den jungen Cider in einen sauberen Glasballon abziehen, sobald die Bläschen nur noch langsam durch das Gärröhrchen wandern und sich ein ordentliches Geläger gebildet hat.

8. Die Gärung weiterlaufen lassen. Sobald keine Bläschen mehr im Gärverschluss aufsteigen, mit dem Hydrometer das Mostgewicht bestimmen. Bei Werten unter 1005 ist der Cider fertig zum Abziehen und Abfüllen.

9. Soll es ein bisschen sprudeln, geben Sie 1 TL Zucker als Gär-Starthilfe in jede Flasche. So wird der Cider auch nicht ganz so trocken.

RICH RÄT:
FÜR LECKERMÄULER

Sie sind noch nicht auf den Geschmack von trockenem Cider gekommen? Versuchen Sie es einmal mit 1 Teelöffel nicht-fermentierbaren Süßstoff, etwa Sucralose, ehe der Korken auf die Flasche kommt.

Zubereitungszeit: 1 Stunde | **Gärzeit:** 2–6 Monate | **Reifezeit:** 2–4 Monate

CYSER

Lange ehe der aktuelle Trend aufkam, Cider mit allen möglichen Fruchtzusätzen zu aromatisieren, war Honig eine verbreitete Zutat, um fermentiertem Apfelsaft mehr Aroma zu verleihen. Der Name des dabei entstandenen Getränks war *Cyser.* Anders als traditioneller Met lässt dieser goldglänzende Nektar des Herbstes nicht so lange auf sich warten und steht schon im Sommer zum Genuss bereit. Aber hüten Sie sich vor den Spätfolgen. Cyser hat es in puncto Alkohol ganz schön in sich und bereitet Ihnen ein bienenschwarm-ähnliches Schädelbrummen, wenn Sie ihn nicht mit der gebührenden Vorsicht genießen.

4½ l Farmhouse Cider (siehe Rezept links)
500 g Honig

1. Beginnen Sie mit unserem Rezept für Farmhouse Cider (linke Seite) und machen Sie nach dem ersten Abziehen des Ciders weiter mit Schritt 2 auf dieser Seite.

2. Erwärmen Sie Ihr Honigglas sanft im Wasserbad. So lässt sich der Honig besser ausgießen.

3. Den Honig in den Glasballon zu dem Cider gießen und gut umrühren. Ganz wird sich der Honig nicht mit dem Apfelwein verbinden, sondern sich auch am Boden absetzen. Das macht nichts, keine Sorge.

4. Den Gärverschluss wieder aufsetzen und den Glasballon an einen sicheren Ort stellen. Die Gärung wird nun erneut einsetzen, da der Zucker aus dem Honig der Hefe neue Kraft gibt.

5. Ist der Gärprozess beendet oder steigen nur noch wenige Blasen im Gärröhrchen auf, den Cider in einen sauberen Ballon abziehen, diesen mit einem Gäraufsatz verschließen und den Cyser ausgären lassen.

6. Für sommerliche Genüsse dürfte der Cyser rechtzeitig fertig sein. Wie alle Cider-Varianten profitiert er jedoch von einigen Monaten Reifezeit.

Zubereitungszeit: 1 Stunde | **Gärzeit:** 6 Monate | **Reifezeit:** 4 Monate

BIRNEN-INGWER-CIDER

Alle Cider-Puristen kurz mal wegschauen! Wahrscheinlich werden wir für das Mischen dieser Geschmacksnoten mit der Mistgabel aus dem West Country gejagt, aber schließlich haben wir unsere Gründe: Falls Sie nicht das Glück haben, Perry-Birnen ergattern zu können, sind die meist Sorten Dessertbirnen zum Auspressen zu weich und für sich allein zu fade. Äpfel und Birnen zusammen jedoch lässt sich der Saft leichter entziehen, während die nicht gärfähigen Zucker der Birnen diesem Getränk eine leichte natürliche Süße geben. Und der Ingwer verleiht dem Ganzen etwas mehr Biss ...

3,5 kg Äpfel
3,5 kg Birnen
5 cm Ingwerwurzel, geschält und grob gehackt
1 Sulfit-Tablette

OPTIONAL
Cider-Hefe
1 TL Pektinase
1 TL Zucker pro Flasche (zum Ankurbeln der Flaschengärung)

1. Die Früchte zuerst gut waschen. Alle stark gequetschten Exemplare aussortieren.

2. Das Obst vierteln, dann wie auf S. 46 beschrieben zermahlen.

3. Die Maische in eine Presse geben, auspressen, und den Saft direkt in den Glasballon leiten. Die Ingwerstücke hinzugeben.

4. Eine Sulfit-Tablette in den Glasballon geben, zudecken und an einem kühlen Ort 24 Stunden stehen lassen.

5. Gegebenenfalls Cider-Hefe und Pektinase dazugeben und den Glasballon locker mit einem Wattebausch verschließen.

6. Nach ein paar Tagen sollte die Gärung einsetzen. Kommt sie langsam zur Ruhe, den Gäraufsatz aufsetzen, den Ballon zurück ins Kühle stellen und den Inhalt einige Wochen weitergären lassen.

7. Sobald nur noch wenige Blasen durch das Gärröhrchen steigen und sich ein gewisses Geläger gebildet hat, die Flüssigkeit in einen sauberen Glasballon abziehen. Wenn Sie versuchen möchten, die malolaktische Gärung anzuregen (siehe S. 51), überführen Sie beim Abziehen ein wenig Bodensatz mit in den frischen Ballon.

8. Denn Saft weiter gären lassen. Steigen keine Blasen mehr durch das Gärröhrchen, ermitteln Sie das Mostgewicht mit dem Hydrometer. Bei Werten unter 1005 ist der Cider fertig zum Abziehen und Abfüllen.

9. Soll es beim Öffnen leise zischen, nach dem Abfüllen 1 Teelöffel Zucker in jede Flasche geben.

APROPOS PERRY ...

... nicht zu verwechseln mit Birnen-Cider, denn echter „Perry" wird rein aus den seltenen Perry-Birnen gemacht. Deren Bäume erkennen Sie sofort: Sie sind riesig und stehen oft als Windschutz für Ciderapfelbäume in Obstgärten.

Zubereitungszeit: 10 Minuten | **Gär-/Ziehzeit:** 4–5 Wochen

SLIDER

Wird Cider mit den Gin-getränkten Früchten aromatisiert, die bei der Herstellung von Schlehengin (siehe S. 118) übrig bleiben, heißt er „Slider". Die adstringierend wirkenden Schlehen leihen dem Cider nicht nur ihre zarten Mandelnoten, sondern geben ihm auch heimlich einen guten Schuss Gin mit. Dieses Getränk kann ziemlich hochprozentig ausfallen und unvorsichtige Genießer auf dem falschen Fuß erwischen. Nippen Sie es also ganz gemütlich als sommerlichen Genuss oder servieren Sie es warm mit Gewürznelken und einer Prise Zimt als wärmenden Wintertrunk.

4½ l Cider
450 g Gin-getränkte Schlehenbeeren

1. Den fertigen Schlehengin abziehen (siehe S. 118), aber die mit Alkohol vollgesaugten Schlehen im Glasballon lassen.

2. Suchen Sie sich ein paar Flaschen Farmhouse Cider, die Sie bereit sind zu opfern … es ist ja für einen guten Zweck. Den Cider in den Glasballon gießen, bis er gut gefüllt ist, und den Rest gut aufbewahren*.

3. Die Gin-getränkten Schlehen enthalten Zucker, der den Gärprozess im Cider erneut anlaufen lässt. Den Glasballon mit einem Gäraufsatz schließen, damit das Ganze nicht in einer großen Schweinerei endet.

4. Den Ballon für 2–3 Wochen an einen kühlen Ort stellen, sodass sich die Schlehen gut vollsaugen und ihre leckere hochprozentige Last in den Cider entlassen. Den Cider von den Beeren in einen sauberen Glasballon abziehen und den Gäraufsatz daraufsetzen.

5. Weitere 2 Wochen abwarten und – sofern die Gärung abgeschlossen ist – den Cider in Flaschen füllen.

6. Wenn Sie möchten, lassen Sie ihn ein paar Monate in der Flasche reifen, aber wir trinken unseren Slider gleich nach dem Abfüllen und genießen sein fruchtig-säuerliches Aroma.

ODER …

… Sie quetschen ein paar Wodka-getränkte Pflaumen (siehe S. 122) durch den Hals Ihres Glasballons und kreieren einen gehaltvollen „Pflider". Sie können sogar probieren, die Whisky-seligen Brombeeren von S. 120 mit Cider zu bedecken – das wäre dann ein „Brider".

SCHWARZ(E) (DORN) MAGIE

Einem alten Aberglauben zufolge wirkt ein aus Holz, Dornen und Beeren des Schlehenbuschs (aka: Schwarzdorn) bereiteter Duftstoff gegen negative Gefühle und Selbstzweifel: Ihr Slider wird sicher gelingen …

* *… und damit ist „trinken" gemeint …*

Zubereitungszeit: 1 Stunde | **Gärzeit:** 2–6 Monate | **Reifezeit:** 4 Monate

BROMBEER-CIDER

Dieser fruchtige tiefrote Sommer-Cider bringt Brombeeren – das Leckerste, was Hecken am Wegesrand zu bieten haben – mit unserem Lieblingsobst par exellence (Äpfeln) zusammen. Die klassische Kombination weckt Erinnerungen an verträumte englische Sommertage (allen Regengüssen zu Trotz). Die Aromen der Brombeere werden beim Vergären weicher, sie verleihen dem Getränk ihren unverwechselbaren kräftigen Geschmack und liefern den Farbstoff dieses tintenschwarzen Ciders.

15 kg Äpfel (Cider-Äpfel oder eine Mischung aus Koch- und Essäpfeln – und auch ein paar Holzäpfel können Sie dazugeben, wenn Sie möchten)
800 g Brombeeren
1 Sulfit-Tablette

OPTIONAL
Cider-Hefe
Pektinase
1 TL Zucker pro Flasche (zum Ankurbeln der Flaschengärung)

1. Durchforsten Sie die Hecken Ihrer Umgebung. Wenn der Herbst kommt, gibt es Brombeeren in Hülle und Fülle. Cider-Äpfel eignen sich zwar am besten, aber eine Mischung von Koch- und Essäpfeln zu gleichen Teilen funktioniert auch. Als Fallobst gesammelte Äpfel vor dem Zermahlen waschen, faulige Exemplare aussortieren.

2. Die Äpfel halbieren oder vierteln, dann mit einer der Methoden von S. 46 zermahlen. Die Maische mit den Beeren vermischen und in die Presse geben. Den Saft direkt in einen sterilisierten Glasballon leiten.

3. Eine Sulfit-Tablette dazugeben, den Ballon mit einem Stopfen verschließen und 24 Stunden an einen kühlen Ort stellen.

4. Wenn Sie Pektinase und Hefe verwenden, jetzt hinzugeben, den Hals des Ballons locker mit Watte verstopfen und die einsetzende Gärung abwarten. Das kann 2 Tage, aber auch 2 Wochen dauern.

5. Nachdem die anfängliche Gärung ausreichend zur Ruhe gekommen ist, den Ballon mit dem Gäraufsatz schließen, erneut kühl stellen und den Inhalt mehrere Wochen gären lassen.

6. Ist die Gärung beendet oder steigen nur noch wenige Bläschen auf, den jungen Cider vom Geläger in ein sauberes Gefäß abziehen und erneut den Gäraufsatz daraufsetzen.

7. Den Cider weitergären lassen. Steigen keine Bläschen mehr auf, das Mostgewicht mit dem Hydrometer messen (siehe S. 11). Bei Werten unter 1005 ist der Cider reif für die Flasche.

8. Soll er leicht sprudeln, geben Sie 1 TL Zucker in jede Flasche. Bis Mai/Juni dürfte Ihr Brombeer-Cider trinkfertig sein, er gewinnt aber mit dem Alter und schmeckt weniger säuerlich, wenn man ihn ein paar Monate länger reifen lässt.

DURCH CIDER ZUR FREIHEIT!

Die australische Regierung hat die Brombeere als „Unkraut von nationaler Bedeutung" und „invasive Art" eingestuft. Australier! Rottet diesen Feind durch Beerensammeln aus und befreit euch von ihrem stacheligen Joch!

Zubereitungszeit: 5 Minuten | **Ziehzeit:** 2–3 Tage

SCRUMPLEFLOWER

Setzt man einen Farmhouse Cider im Herbst an, ist er in der Regel rechtzeitig fertig, wenn überall die Holunderbüsche in voller Blüte stehen. So wie bereits zahllose Cider-Macher vor ihm, führte es Rich nach überschwänglicher Verkostung des apfelhaltigen Nektars überraschend in die Nähe dieser weißblühenden Sträucher, wo er ihren betörenden Duft ganz aus der Nähe erleben durfte. Vielleicht haben just solche Begegnungen schon früher jemanden dazu inspiriert, Blüte und Frucht auf unnachahmliche Weise in einem Getränk zu vereinen, das in unseren Breiten als „Scrumpleflower" bekannt ist.

4½ l Farmhouse Cider (siehe S. 52)
5 große Holunderblüten-Dolden

1. Beginnen Sie mit unserem Rezept für Farmhouse Cider auf S. 52 und blättern Sie hierher zurück, sobald Sie den Cider das erste Mal abgezogen haben. (Natürlich können Sie auch Cider kaufen, um Scrumpleflower herzustellen, aber wir finden, das wäre gemogelt.)

2. Pflücken Sie 5 handgroße* Dolden vom nächstgelegenen Holunderbusch. Kräftig ausschütteln, um jegliches Krabbelgetier loszuwerden, und zur Sicherheit zusätzlich waschen.

3. Die Blüten mit einer Gabel von den grünen Stängeln lösen, dann die Stängel in die Mülltonne und die Blüten in ein Musselinsäckchen o. Ä. stecken.

4. Das Säckchen durch den Hals Ihres Glasballons mit dem Cider schieben, den Ballon mit einem Stopfen verschließen, an einen sicheren Ort stellen und alles 2–3 Tage ziehen lassen.

5. Das Säckchen entfernen, den aromatisierten Cider in einen sauberen Glasballon abziehen und anschließend in Flaschen füllen.

RICH RÄT:

Sie haben nur eine Flasche Cider übrig? Dann 500 ml in ein verschließbares Glas geben, die Blüten einer frischen Dolde dazugeben (ohne Stängel). Nach 3–4 Stunden filtern und einverleiben.

* *Wenn Sie besonders kleine Hände haben, besser 6.*

ÄPFEL

Für uns besessene Cider-Brauer ist der Apfel natürlich das großartigste Obst der Welt. Doch Äpfel haben mehr zu bieten als nur traumhaften vergärbaren Saft: Das je nach Sorte unterschiedliche komplexe Verhältnis zwischen Zuckern und Säuren macht sie zum idealen Obst für zahlreiche Projekte rund um alkoholische Getränke – ob durch Aufsetzen, durch Brauen oder durch Kleinhacken und Auspressen.

Äpfel gliedern sich in vier Hauptkategorien, die gewitzte Hausbrauer alle zu verwenden wissen.

KOCH- UND ESSÄPFEL

Eine Mischung aus Koch- und Essäpfeln eignet sich hervorragend für Wein und besser noch für Cider – mit spritzigem Geschmack nach Art der Eastern Counties. Essäpfel sind außerdem ideal zum Einlegen in hochprozentige Alkoholika und tolle Säurelieferanten für fruchtige Obstweinmischungen.

CIDER-ÄPFEL

Diese Sorten sind mit Abstand unsere Lieblingsäpfel, wenngleich außerhalb der althergebrachten Cider-Regionen kaum verbreitet. Sie zeichnen sich durch hohen Zuckergehalt und starke Adstringenz aus und werden in vier Gruppen eingeteilt: süß, säuerlich, bittersüß und bitter-säuerlich – je nach dem ihnen eigenen Verhältnis zwischen Zucker, Säure und Tanninen. Beim Cidermachen erzielen Sie preisverdächtige Ergebnisse, wenn Sie einen Hauptanteil bittersüßer Sorten mit Dessert- oder Essäpfeln mischen.

SÄMLINGSÄPFEL

„Sämlinge" werden Bäume genannt, die aus Samen stammen. Man findet sie häufig an Landstraßen und Bahnstrecken, wo sie aus den Apfelresten hungriger Reisender gesprossen sind. Da die Äpfel ganz unterschiedliche Qualität haben können, probieren Sie sie besser vor dem Sammeln, um Enttäuschungen zu vermeiden.

HOLZÄPFEL

Holzäpfel sind zwar oft zum Essen zu sauer und zu adstringierend, aber sie sind bestens geeignet, faden Säften, die für Cider bestimmt sind, mehr Volumen zu verleihen. Außerdem ergeben sie einen hervorragenden Fruchtwein (siehe S. 24). Aber auch hier gilt: erst probieren, dann vergären.

CIDER-ÄPFEL SELBST ZIEHEN

Als Obstgarten gilt eine Ansammlung von vier oder mehr Obstbäumen. Wenn Sie also Platz haben: Ran ans Werk!

1. Die Auswahl der Bäume: In der Baumauswahl müssen Sorten dabei sein, die als Pollenspender fungieren. Informieren Sie sich daher vor dem Kauf. Eine ideale Mischung mit passenden Befruchtersorten bilden etwa „Yarlington Mill", „Sweet Coppin", „Black Dabinett" und „Fair Maid of Devon".

2. Baum oder Busch? Ein Halbstamm-Baum wird etwa 4 m hoch. Für kleinere Gärten eignen sich daher weniger hochwachsende Buschbäume.

3. Richtiges Timing: Setzen Sie die Bäume zwischen Spätherbst und Anfang Frühjahr an einen sonnigen, aber geschützten Ort mit ausreichend fruchtbarem, wasserdurchlässigem Boden. Geben Sie keinen Kompost ins Pflanzloch, da sonst nur schwache, bequeme Wurzeln wachsen.

4. Ausgrabungen: Graben Sie jedem Setzling ein Loch, das nicht tiefer als sein Wurzelwerk, aber dreimal so breit ist.

5. Baumpflege: Mulchen Sie das Beet rund um den Stamm, um den Unkrautbefall zu beschränken, dann kräftig angießen. Am Tag nach dem Setzen wässern Sie den Baum erneut und während der Sommermonate einmal pro Woche. Nach 3 Jahren trägt Ihr Apfelbaum Früchte.

Zubereitungszeit: 1 Stunde 20 Minuten

HAGEBUTTEN-CIDER

Aromatisierter Cider ist der letzte Schrei, und am schnellsten peppt man ihn mit einem simplen Sirup auf. Rich hat viele süße Nektarsorten in seinen Cider geträufelt, aber seine Lieblingsmischung verdankt er der Hagebutte – ihre süß-säuerlichen Noten können selbst dem trockensten Cider zu neuen Höhenflügen verhelfen.

FÜR DEN HAGEBUTTENSIRUP
500 g Hagebutten, grob gehackt
300 g Zucker

PRO GLAS
500 ml trockener Cider
30 ml Hagebuttensirup

1. Schnappen Sie sich eine Flasche Ihres selbst gemachten Farmhouse Ciders (siehe S. 52) oder sausen Sie zu Ihrem Spirituosenversorger um die Ecke und erstehen dort eine schön trockene Cidersorte.

2. Für den Hagebuttensirup die Hagebutten in einem Mörser o. Ä. zerdrücken und in einen Topf mit 600 ml Wasser geben.

3. Zum Kochen bringen und 15 Minuten köcheln lassen.

4. Von der Herdplatte nehmen und durch ein Passiertuch in einen frischen Topf gießen. Die ausgekochten Hagebutten 30 Minuten gründlich abtropfen lassen.

5. Den Sud erneut durch ein frisches Tuch abseihen. So gelangen keine lästigen Hagebuttenhärchen in den Sirup.

6. Zusammen mit dem Zucker in einen Topf geben, sanft erhitzen und umrühren, bis sich der Zucker aufgelöst hat.

7. Etwa 3–5 Minuten weiterkochen lassen. Falls sich Schaum bildet, mit einem Holzlöffel abschöpfen.

8. Den abgekühlten Sirup in sterilisierte Flaschen füllen und im Kühlschrank aufbewahren. Bei geöffneter Flasche hält er sich rund 2 Wochen – in ungeöffneten Flaschen etwa 1 Jahr.

9. Den Cider kalt stellen. Zum Servieren etwas Sirup hineingeben und vorsichtig umrühren.

SERVIERVORSCHLAG

Hagebuttensirup kann man wunderbar vielseitig verwenden: mit Wasser verdünnt als erfrischender Sommerdrink, zum Aufpeppen langweiliger Schaumweine oder zum Garnieren von Crêpes, Eis, Joghurt und anderen Leckereien zum Tee.

NOTIZ AM RANDE: VARIANTEN

Bringt Sie unser Hagebutten-Cider auf neue Ideen? Wie wäre es mit folgenden Sirup-Variationen:

- **Auch aus Brombeeren, Holunderbeeren, Erdbeeren und Himbeeren lässt sich herrlicher Sirup machen.**
- **Verwenden Sie schwarze Johannisbeeren für den klassischen „Cider and Black" – in den Achtzigern von Studenten und Gruftis gleichermaßen geschätzt und verantwortlich für das tragische Ende so manchen Junggesellinnen-Abschieds.**

VITAMIN-MANGEL?

Hagebutten sind reich an Vitamin C und wurden während des Zweiten Weltkriegs als Ersatz für die schwer beschaffbaren Zitrusfrüchte gesammelt. Leider gehen durch das Einkochen die gesunden Stoffe zum größten Teil verloren, sodass dieses Getränk wohl kaum zu den berühmten 5 Portionen pro Tag beiträgt.

Zubereitungszeit: 5 Minuten | **Ziehzeit:** 4–5 Tage

CIDER MIT HOPFEN

Zwei Welten prallen aufeinander: Dieses Cider-Kuriosum, das Traditionalisten auf die Palme bringen dürfte, streckt seine Hand der Craft-Beer-Gemeinde entgegen und drückt sie fest an seine borstige Wange. Hopfen verleiht einem voll ausgegorenen Cider fabelhafte Aromen, ohne jedoch – mangels Erhitzen – für bittere Geschmacksnoten zu sorgen. Eine spannende Verquickung von India Pale Ale und Cider für alle, die es hip und hopfig lieben.

4½ l Cider
10 g Hopfen

1. Nehmen Sie einen Glasballon mit 4½ l Ihres besten fertig vergorenen Ciders. Widerstehen Sie der Versuchung, eine misslungene Charge zu verwenden und zu hoffen, dass der Hopfen den üblen Beigeschmack überdeckt. Haben wir probiert. Funktioniert nicht.

2. Suchen Sie sich eine Hopfensorte aus. Das Schöne an diesem Rezept ist seine Anpassbarkeit. Als Anhaltspunkt können Sie davon ausgehen, dass Sorten, die für IPA (siehe S. 78) verwendet werden, gut geeignet sind. Für den Anfang empfehlen wir rund 10 g eines zitrusartigen Hopfens wie „Cascade" – und dann kosten Sie erstmal.

3. Den Hopfen zum Cider in den Glasballons streuen und den Gäraufsatz wieder daraufsetzen, damit weder Luft noch andere unerwünschte Gäste hineinkommen. Wenn Sie den Hopfen in einem Stoffsäckchen in den Cider geben, haben Sie beim Abfüllen keine Probleme mit dem Filtern.

4. Den Glasballon 4–5 Tage an einem kühlen Ort lagern. Je länger er ruht, desto stärker der Hopfengeschmack Ihres Ciders.

5. Den Hopfen-Cider durch ein Passiertuch in sterilisierte Flaschen füllen, eine der Flaschen einem Farmer aus dem West County in die Hand drücken und um Ihr Leben laufen.

NOTIZ AM RANDE: **VARIATIONEN**

Verschiedene Hopfen-Kombinationen kann man testen, indem man kleine Mengen in ein Glas Cider gibt und sich sorgfältig Notizen macht. Hier eine kleine Übersicht über Sorten und Aromen:

Zitrusartige Hopfensorten:
- Cascade
- Citra
- Simcoe Centennial
- First Gold

Würzige Hopfensorten:
- Saazer
- Willamette
- Golding
- Nugget
- Chinook

Zubereitungszeit: 25 Minuten

RICHARDS HEISSER CIDER-GROG

Sie brauchen einen extrastarken, wohltuenden Tropfen, der den Winter-Blues vertreibt? Versuchen Sie es einmal mit einem Humpen hiervon. Unser brodelndes Gebräu besiegt selbst den Frost der eisigsten Nächte und bringt Farbe in blasse Gesichter. Allen, die an Husten und Schnupfen leiden, helfen seine wundersamen Heilkräfte, denn die belebende Mischung aus Alkohol, Honig und Gewürzen lindert und betäubt zugleich. Sie macht entweder der Erkältung den Garaus ... oder haut Sie aus den Socken.

500 ml trockener Cider
2 TL Zitronensaft
50 ml Weinbrand
4 Gewürznelken
1 Zimtstange
2 cm Ingwerwurzel
2 EL Honig

1. Cider, Saft, Weinbrand und Gewürze in einen Topf geben und sanft bei niedriger Hitze erwärmen. Nicht zum Kochen bringen, weil dabei der Alkohol verdunstet – und davon möchten wir abraten.

2. Nach einigen Minuten den Honig hinzugeben und umrühren, bis er sich aufgelöst hat.

3. Weitere 10 Minuten erhitzen und gelegentlich umrühren. Wie das duftet!

4. Durch ein feines Sieb in hitzebeständige Gläser oder Tassen gießen, die wohltuenden Aromen einatmen – und genießen.

ALS VARIANTE ...

Kein Herd? Kein Problem! Die Zutaten zu diesem Rezept ergeben leicht abgewandelt einen leckeren Cider-Cocktail.
300 ml Cider, 50 ml Weinbrand, 10 ml Zitronensaft, 1 EL Honig und 2,5 cm Ingwer (gerieben) mit einer Handvoll Eiswürfel in einen Messbecher geben und gut mit dem Löffel durchmischen. In zwei schnieke Cocktailgläser abseihen und mit einer Orangenscheibe garnieren. Ganz einfach!

Zubereitungszeit: 1 Stunde

LAMBSWOOL

Nach alter Tradition wird dieses Getränk mit dem außergewöhnlichen Namen am Abend vor dem Dreikönigstag während dem sogenannten *wassailing* getrunken – einem überlieferten Ritual zum Wecken der Apfelbäume aus ihrer Winterruhe, um im kommenden Jahr eine reiche Ernte einfahren zu können. Der Brauch verlangt, dass die *wassailers* aus einer gemeinsamen Schale Lambswool trinken und das dazugehörige Lied singen (siehe unten). Dazu schlagen sie mit Stöcken auf Töpfe, um die Geister zu vertreiben, die die Ernte verderben könnten. Wo die Zeremonie rauere Züge trägt, wird zudem mit Schrotflinten* in die Zweige des armen zitternden Apfelbaums geschossen. Wenn auch Sie in Ihrem Garten *wassailen* wollen, stimmen Sie verschreckte Nachbarn und Streifenpolizisten mit einer Tasse dieses dampfenden Gebräus milde …

6 mittelgroße Äpfel
30 Gewürznelken
350 g Demerara-Zucker
1½ l trockener Cider
eine gute Prise gemahlene Muskatnuss
2,5 cm Ingwerwurzel, geschält und gerieben

1. Die Äpfel entkernen und in jede Frucht von außen 5 Nelken stecken. Je 1 TL Demerara-Zucker in die Äpfel füllen und die Früchte auf einem Backblech bei 180 °C für 30–35 Minuten in den Ofen schieben. Regelmäßig nachsehen, damit die Äpfel nicht anbrennen.

2. In der Zwischenzeit den Cider vorsichtig in einem Topf erwärmen und den übrigen Zucker, die Muskatnuss sowie den geriebenen Ingwer dazugeben.

3. Sanft umrühren, bis sich der Zucker aufgelöst hat, dann 15–20 Minuten weiter erwärmen. Gelegentlich umrühren.

4. Die Bratäpfel aus dem Ofen nehmen und in einer Schüssel mit einem Kartoffelstampfer o. Ä. zu Brei verarbeiten. (Erst abkühlen lassen … Wenn heißes Fruchtfleisch auf Ihre Haut spritzt, gehen Sie an die Decke!) Sollten Sie ästhetisch einwandfreies Lambswool wünschen, entfernen Sie die Apfelschale zuvor mit einer Gabel.

5. Das Apfelmus in den Topf geben und mit einem Schneebesen unter den gewürzten Cider mischen. Je stärker Sie beides verquirlen, desto eher erinnert das Getränk angeblich an Lämmerwolle – daher der Name. (Es muss allerdings ein recht schmutziges Lamm gewesen sein, das sich im Obstgarten gewälzt hat.)

6. Das fertige Getränk mit einer Schöpfkelle in die gemeinschaftliche Schale geben, noch ein wenig gemahlene Muskatnuss darüberstreuen und die Schale unter den ***wassailers*** herumreichen.

DAS LIED DER *WASSAILERS*

Here stands a good apple tree,
stand fast root!

Every little twig bear an apple big.

Hats full, caps full, and three score
sacks full,

Hip hip hurrah!**

** Wir haben gewisse Bedenken gegen die Verbindung von Feuerwaffen mit Getränken auf Ciderbasis, aber manche Traditionen aus dem Südwesten Englands sind halt Geschmackssache (vgl. etwa Käse- und Teerfass-Rennen oder Morris Dancing).*

*** Auf Deutsch etwa:*
Hier steht ein guter Apfelbaum, Wurzel, bleib fest! / An allen Zweigen noch so klein, sollen dicke Äpfel sein. / Hütevoll, Mützenvoll, drei Dutzend Säcke voll / Hip hip Hurra!

GUTE GEISTER

Dieser heiße Apfeltrunk wird traditionell mit Toast serviert. Manche Brotstückchen werden in Lambswool getaucht und als Gabe für die Baumgeister an die Äste gehängt. Außerdem wird Lambswool auf den Boden unter dem Baum gegossen, damit die Wurzeln gesund weiterwachsen. Auch misslungener Lambswool wird manchmal unter den Baum geschüttet, um ihn schnell zu entsorgen …

GRUNDLAGEN FÜR BIER, ALE UND LAGER

Wenn Sie sich noch nie im Bierbrauen versucht haben, könnte leicht der Eindruck entstehen, dass Sie erst eine ganze Wissenschaft mit einer eigenen Sprache erlernen müssen, bevor Sie überhaupt anfangen können. Bier-Rezepte mit ihren präzisen Zeit- und Temperaturangaben und ihren Fachbegriffen können auf Uneingeweihte schnell abschreckend wirken. Zwar mögen Profis und zahllose strebsame Hausbrau-Fanatiker auf solche Anleitungen großen Wert legen, doch für uns, die wir einfach ein gutes Glas Bier aus der eigenen Küche genießen wollen, ist die Sache viel, viel einfacher.

Es gibt im Wesentlichen drei Möglichkeiten, an die Getreideprodukte zu kommen, die zur Herstellung von Bier nötig sind. Am einfachsten ist es, ein Brau-Set zu bestellen. Darin sind alle Zutaten bereits aufbereitet, und man muss nur der Anleitung folgen, um eine bestimmte Biersorte zu brauen. Auf der anderen Seite des Spektrums steht das althergebrachte Bierbrauen, bei dem man mit gemälztem Getreide beginnt und seine leckeren Stoffe selbst extrahiert, sodass sie in Bier verwandelt werden können. Wir verwenden ein Verfahren, das irgendwo in der Mitte liegt, und brauen mit Malzextrakt. Dabei hat man eine Vielfalt von Zutaten zur Verfügung, doch die anstrengenden Vorarbeiten sind einem abgenommen, was das Brauen wesentlich vereinfacht, Ihnen aber gleichwohl vielfältigste Möglichkeiten offenlässt, Ihr leckeres Bier geschmacklich zu gestalten.

Um die Sache noch einfacher zu machen, fangen wir klein an. Viele Brau-Sets und Rezepte für Anfänger sind auf 20–30 Liter ausgelegt. Im Vergleich zum Volumen einer kommerziellen Brauerei ist das natürlich winzig, doch trotzdem braucht man vergleichsweise große Geräte, um die volle Menge zu brauen. Zwar scheinen 60 bis 90 Gläser Bier bei all dem Aufwand eine gute Ausbeute, aber Sie müssen sich dann durch eine ziemliche Menge Bier trinken, ehe Sie das nächste Rezept ausprobieren können (und wenn einmal etwas schiefgeht, scheint die Menge noch riesiger). Deshalb befürworten wir ein kleineres Brauvolumen von rund 4½ Litern (etwas mehr als 13 Gläser). Das kriegen Sie noch in der kleinsten Küche hin, müssen sich nicht für große Geräte in Unkosten stürzen und können neue Biere und Geschmacksrichtungen ausprobieren, ohne dass es jedes Mal ein Vermögen kostet. Der Lohn sind sieben Flaschen Bier à 500 ml pro Rezept (mit kleineren Flaschen können Sie sogar noch mehr Menschen glücklich machen). Und das Verfahren ist so einfach und schnell, dass Sie, wenn es Sie einmal gepackt hat, anfangen, jede Woche zu brauen. Gefällt Ihnen ein bestimmtes Rezept, können Sie leicht die doppelte Menge herstellen oder auf 20 Liter umsteigen. Wir brauen oft zwei Biervarianten gleichzeitig, verändern die Zutaten jeder Charge ein bisschen und entdecken so aufregende neue Geschmacksrichtungen.

DIE GRUNDAUSSTATTUNG

- 1 Gärgefäß
- 1 großer Topf mit Deckel zum Aufkochen
- 1 Löffel zum Umrühren
- 1 Musselinsäckchen oder Passiertuch bzw. feines Sieb zum Abseihen
- 1 Thermometer
- 1 Hydrometer und 1 schmaler Standzylinder
- 1 Schlauch zum Abfüllen
- Flaschen (und eine Verschließmaschine für Kronkorken, wenn Sie welche verwenden möchten)

NICKS TIPP: WASSER

Für die meisten Leicht- und Lager-Biere eignet sich weiches Wasser besser als hartes. Wenn Ihr Leitungswasser sehr hart ist, kann man es durch bestimmte Zusätze weicher machen (lassen Sie sich am besten beraten). Sie können aber auch günstiges Wasser aus dem Supermarkt kaufen.

WIE WIRD BIER GEMACHT?

Bier entsteht genau wie Wein durch Gärung: Durch die Wirkung von Hefe wird aus Zucker Alkohol. Bei den meisten Bieren stammt der Zucker aus Gerste, die allerdings zuerst gemälzt wird. Bei diesem Vorgang beginnt das Getreide zu keimen und die enthaltene Stärke verwandelt sich in Malzzucker, ehe der Prozess durch das Trocknen des Getreides auf der Darre beendet wird. Nun wird das Getreide gemahlen, damit der Zucker beim folgenden Einweichen unter exakten Temperatur- und Zeitvorgaben freigesetzt werden kann. Das wird „Maischen" genannt. In unseren Rezepten kommt fertiges, durch Maischen und weitere Verarbeitungsschritte hergestelltes Malzextrakt zum Einsatz, das es in flüssiger und getrockneter Form gibt. Hier und da werfen wir eine außergewöhnliche Malzsorte mit in den Topf – dabei können Sie eine Art Maischeprozess im Kleinen erleben.

WAS VERLEIHT JEDEM BIER SEINEN CHARAKTER?

Die große Vielfalt der Biere beruht auf den nahezu unendlichen Möglichkeiten, unterschiedliche Sorten Gerstenmalz mit anderen Getreidesorten, Hopfen und weiteren aromatischen Zutaten zu kombinieren. Wird etwa die Gerste länger und bei höheren Temperaturen getrocknet, verleiht sie dem Bier eine dunklere Farbe und stärkere Röstaromen. Unterschiedliche Hopfensorten haben Einfluss auf die bitteren Noten und andere Aromen des Biers, und sogar die Wahl der Hefesorte kann auf unterschiedliche Art und Weise zur Entwicklung der Geschmacksnoten beitragen.

DIE VERGÄRUNG VORBEREITEN

Um alle Zutaten fertig für die Gärung zu machen, muss zuerst das Malzextrakt mit Wasser aufgekocht werden. Dabei werden in unterschiedlichen Schritten Hopfen und andere Geschmacksstoffe zugegeben. Anschließend wird dieses Gemisch gründlich umgerührt, damit es mit Sauerstoff in Kontakt kommt, und sollte dann so schnell wie möglich abkühlen. Wir kochen daher nur die halbe Menge Wasser auf und stellen den Rest in den Kühlschrank. Man kann aber auch die Spüle mit Eiswasser füllen und den Topf mit dem aufgekochten Malzextrakt hineinstellen.

Ist das Gemisch abgekühlt (unter 24 °C), können Sie die Hefe dazugeben, damit sie sich um den Zucker kümmert. Hefe ist in unterschiedlichen flüssigen und festen Formen erhältlich, die je nach Sorte und Hersteller unterschiedlich angewendet werden. Anfängern empfehlen wir einzeln abgepackte Portionen, die Sie gemäß den Packungsangaben dazugeben. Bei den meisten Bieren in diesem Buch reicht ein 15–24 °C warmer Raum (bitte nicht zu warm), um die Gärung in Gang zu halten; Lagerbiere mögen es ein bisschen kühler.

WELCHES GÄRGEFÄSS EIGNET SICH AM BESTEN?

Für unsere 4½-Liter-Rezepte verwenden wir entweder Lebensmitteleimer, deren Deckel wir bis auf eine kleine Öffnung, aus der Gas entweichen kann, schließen, oder einen Glasballon mit Gäraufsatz. Beide haben Vor- und Nachteile, wie diese Liste zeigt:

EIMER:

- Leicht und einfach tragbar
- Durch die große Öffnung lassen sich Zutaten einfach hineingeben (es fällt aber auch leicht aus Versehen etwas rein)
- Viel Platz für die Gärung; man kann leicht größere Mengen Bier herstellen
- Da man durch das Plastik den Bodensatz nicht sieht, wird das Abfüllen kniffliger
- Plastik leidet und verkratzt mit der Zeit, sodass der Eimer irgendwann ersetzt werden muss

GLASBALLONS:

- Wenn sie keiner kaputtmacht, halten Sie ewig
- Der Inhalt ist genau zu sehen, was das Abfüllen erleichtert
- Der Gäraufsatz schließt sicher ab, lässt nichts hinein und ermöglicht die einfache Überwachung des Gärvorgangs
- Ist der Ballon zu voll, steigt bei starker Gärung Flüssigkeit durch das Gärröhrchen und verursacht eine Schweinerei. (Wenn das passiert, einfach einen sauberen Gäraufsatz verwenden.)
- Relativ schwer und außerdem nicht einfach zu reinigen

FACHAUSDRÜCKE

Zusätze:
Weitere Zutaten, die ein Grundrezept ergänzen.

Hopfen, das:
Die Zugabe von Hopfen während unterschiedlicher Phasen des Kochvorgangs.

Heißtrub:
Schnell aufsteigender Schaum beim Kochen der Würze.

Kräusen:
Die schaumige Kruste, die sich während der Gärung auf der Bieroberfläche bildet.

Maischen:
Getreide in Wasser einweichen, um ihm Zucker und Geschmacksstoffe zu entziehen

(Bier)Würze:
Die malzige Flüssigkeit, die aufgekocht wird.

BRAUERWEISHEIT: GEKLÄRTES BIER

Wir setzen in unseren Rezepten keine Zusatzstoffe zur Klärung des Biers ein, denn die leichte Trübung hat uns nie gestört. Wenn Ihnen kristallklares Bier lieber ist: Die meisten Hausbrauer setzen auf die Rotalge *Irish moss*, die sie der kochenden Würze zusetzen.

ABFÜLLEN

Bei den meisten unserer Biere ist die Gärung nach 1–2 Wochen beendet, doch es schadet nicht, ein Bier, das früh fertig fermentiert ist, bis zum Ende der zweiten Woche in Ruhe zu lassen – es kann dadurch sogar noch besser werden. Ob die Gärung wirklich zu Ende ist, müssen Sie mit dem Hydrometer sicherstellen. Zapfen Sie ein wenig Bier in einen Standzylinder ab und tauchen Sie das Hydrometer hinein. Zeigt es ein Gewicht von 1012 oder weniger an, sollte das Bier soweit sein. Überprüfen Sie jedoch Ihre Messung am nächsten Tag: Ergibt sie den gleichen Wert, sind Sie sicher, dass sich nichts mehr tut. Gießen Sie die abgezapfte Menge keinesfalls zurück, damit sie Ihr Bier nicht kontaminiert – lieber trinken!

Das Bier ist jetzt bereit zum Abfüllen in Bierflaschen. Ihr erster Versuch kann leicht zu einer klebrigen Angelegenheit werden, weil wahrscheinlich ein paar Tropfen danebengehen. Mit zwei Leuten ist es auf jeden Fall viel einfacher. Sicher haben Sie bald den Bogen raus. Nehmen Sie stabile Glasflaschen (Sie können ja selbst geleerte recyceln), die entweder einen Bügelverschluss haben oder für Kronkorken geeignet sind. Hausgebraute Biere reifen gern in der Flasche nach, dann zischt es beim Öffnen. Eine leichte Flaschengärung setzen Sie mit einem halben Teelöffel Zucker in Gang, der vor dem Abfüllen in die Flasche gegeben wird.

Stellen Sie die sterilisierten Flaschen auf ein Handtuch oder in einen Eimer (so kommt kein Bier auf den Boden), und zwar unterhalb des Gärgefäßes mit dem abzuzapfenden Bier. Halten Sie ein Ende des sterilisierten Schlauchs ins Bier (kurz über den abgesetzten Hefen) und saugen Sie vorsichtig am anderen Ende, bis Sie Bier schmecken. Lenken Sie den Bierstrom in die Flaschen und füllen Sie sie, bis sich die Bieroberfläche im Ballon dem Bodensatz nähert. Wenn Sie ein bisschen Dreck mit absaugen, ist das kein Beinbruch. Er setzt sich am Flaschenboden ab, und da kann er immer noch zurückbleiben, wenn Sie das Bier ins Glas gießen.

Verschließen Sie die Flaschen, und stellen Sie sie einen weiteren Tag warm, damit der Zucker vergären kann. Bier wird am besten an einem kühlen Ort gelagert. Bei den meisten Sorten können Sie die Früchte Ihrer harten Arbeit nach einer Woche genießen, wenngleich viele Biere nach unserem Rezept von einer längeren Reifezeit profitieren.

WIE STARK IST MEIN BIER?

Bei den meisten Rezepten dieses Buchs kommt ein Bier mit einem Alkoholgehalt zwischen 4 und 5,5 Volumenprozent heraus, doch da zu viele Zufallsfaktoren im Spiel sind, sind exakte Angaben für jede Sorte unmöglich. Die Stärke Ihres Gebräus ermitteln Sie aus einer Hydrometer-Messung vor der Hefezugabe und einer weiteren vor dem Abfüllen. Im Internet gibt es eine ganze Reihe Rechner, die aufgrund dieser Werte den Alkoholgehalt Ihres Biers ermitteln. Als grobe Anhaltspunkte dienen jedoch bereits unsere folgenden drei Beispiele:

- Ausgangsgewicht: 1040; Endgewicht: 1010; Alkoholgehalt: 3,94%
- Ausgangsgewicht: 1045; Endgewicht: 1010; Alkoholgehalt: 4,59%
- Ausgangsgewicht: 1050; Endgewicht: 1010; Alkoholgehalt: 5,25%

STERILISIEREN!

Achten Sie beim Herstellen aller vergorenen Getränke immer darauf, dass bei jedem Schritt alle Geräte steril sind.

Zubereitungszeit: 2 Stunden | **Gärzeit:** 1–2 Wochen | **Reifezeit:** 1 Woche

EINFACHES BIER

Wenn Sie einfach zu einem günstigen guten Bier kommen wollen, liegen Sie mit diesem Rezept goldrichtig. Die meisten Profibrauer dürften angesichts der Verwendung von Zucker – vor allem in dieser Menge – die Stirn runzeln, doch vor allem für Neulinge hat dieses Rezept seine Vorteile. Er verhilft Ihrem Bier bei vertretbaren Kosten nicht nur zu ordentlicher Stärke, Sie können den Gerstensaft auch in seiner ursprünglichsten Form genießen – und das Resultat ist dabei durchaus lecker. Ausgehend von diesem Rezept können Sie komplexere Sorten erkunden, indem Sie den Zucker durch die unterschiedlichsten Sorten Trockenmalzextrakt ersetzen, oder verschiedene Hopfensorten darauf testen, wie sie Geschmack und Eigenschaften Ihres Biers verändern.

450 g Flüssigmalzextrakt (hell oder „Bernstein")
1 kleine Handvoll Bitterhopfen (15 g)
220 g weißer Zucker
Ale- oder Brauhefe
½ TL weißer Zucker pro Flasche, um die Flaschengärung anzuregen

1. Alle Geräte sterilisieren. 2¼ l Wasser zum Kochen bringen und in einem geschlossenen Gefäß im Kühlschrank abkühlen lassen.

2. Weitere 2¼ l Wasser in einem großen Topf erwärmen, das Malzextrakt hinzugeben und umrühren, bis es ganz aufgelöst ist.

3. Zum Kochen bringen, bis die Flüssigkeit stark schäumt. Die Hitze reduzieren, damit nichts überkocht, dann erneut erhöhen und diesen Vorgang wiederholen, bis sich kein starker Schaum mehr bildet.

4. Hopfen und Zucker dazugeben, den Deckel halb schließen und den Inhalt 45 Minuten sanft köcheln lassen. Das Wasser aus dem Kühlschrank dazugießen, kräftig umrühren und abkühlen lassen.

5. Die Mischung in das Gärgefäß Ihrer Wahl abseihen und die Hefe gemäß Packungsangaben dazugeben. Wenn Sie einen Glasballon verwenden, schließen Sie Ihn mit dem Gäraufsatz; bei einem Gäreimer legen Sie den Deckel auf (und lassen einen Spalt offen, damit Gas entweichen kann). An einen warmen Ort stellen. 15–24 °C sind ideal.

6. Wenn die Gärung nach etwa 1–2 Wochen beendet ist, ist Ihr Bier bereit für die Flasche. Die Flaschen sterilisieren und in jede ½ TL Zucker geben. Vorsichtig mithilfe eines Schlauchs befüllen und rechtzeitig absetzen, ehe Bodensatz aus dem Gärgefäß eingesaugt wird.

7. Die Flaschen verschließen und sanft schütteln, damit sich der Zucker auflöst. Ein paar Tage warm stellen, um die Flaschengärung in Gang zu bringen, dann das Bier an einem kühleren Ort mindestens 1 Woche reifen lassen, ehe Sie es genießen.

NICKS TIPP:

Praktischerweise enthält Trockenmalzextrakt fast genau die gleiche Menge vergärbaren Zucker wie reiner weißer Zucker. Wenn Sie also um nichts in der Welt Zucker verwenden möchten oder lange genug mit der preiswerteren Zutat geübt haben, ersetzen Sie sie durch das Trockenmalzextrakt Ihrer Wahl.

BRAUERWEISHEIT: EXTRAKT EXTRAHIEREN

Flüssigmalzextrakt ist eine zähe Masse und wird in Dosen verkauft, die mehr enthalten, als Sie für unsere Rezepte brauchen. Angebrochene Dosen einfach verschließen (das geht gut mit Folie), in den Kühlschrank stellen und innerhalb von 2 Monaten verbrauchen. Bei Zimmertemperatur lässt sich das Extrakt nur schwer ausgießen und gekühltes bewegt sich gar nicht. Leichter geht's, wenn Sie die Dose kurz in warmes Wasser stellen.

Zubereitungszeit: 2 Stunden | **Gärzeit:** 1–2 Wochen | **Reifezeit:** 2 Wochen

PORTER NACH LONDONER ART

Wenn man unseren Bierfachmann Nick dazu zwingen würde, seine Lieblingssorte zu nennen, würde er wohl einfach das Wort „Porter" nuscheln. Das tiefschwarze Bier bekommt seine Farbe und seine röstigen Aromen von dem stark gerösteten Malz, aus dem es entsteht. Es entstand im London des 18. Jahrhunderts, wo es zuerst unter den Lastträgern beliebt war – daher sein Name – ehe es für eine Weile zur beliebtesten Biersorte Englands wurde. In diesem Rezept werden Gerstenflocken verwendet, die zwar nicht zwingend notwendig sind, aber dem fertigen Porter einen kräftigen Körper und einen weichen, cremigen Schaum verleihen.

750 g Flüssigmalzextrakt (hell oder „Bernstein")
50 g Schwarzmalz
50 g Brau-Gerstenflocken
1 Handvoll Hopfen (20 g) – Bitterhopfen-Sorten wie „Admiral", „Goldings" oder „Target" passen gut zu Porter
Ale- oder Brauhefe
½ TL weißer Zucker pro Flasche, um die Flaschengärung anzuregen

1. In einem großen Topf 2¼ l Wasser erhitzen. Wenn es zu köcheln beginnt, Malzextrakt, Schwarzmalz und Gerstenflocken dazugeben. Malz und Flocken zuvor in ein Musselinsäckchen geben, wenn Sie eines haben.

2. Zum Kochen bringen, bis die Mischung stark schäumt. Die Hitze reduzieren, damit nichts überkocht, dann erneut sanft zum Kochen bringen.

3. Nach 15 Minuten den Hopfen dazugeben. Weitere 30 Minuten gleichmäßig kochen lassen. Den Topfdeckel geschlossen halten, aber die Mischung gelegentlich umrühren.

4. Vom Herd nehmen und 2¼ l kühles abgekochtes Wasser dazugeben, damit die Temperatur absinkt. Gründlich umrühren, damit Luft an die Mischung kommt. Wenn sie unter 24 °C abgekühlt ist, in das Gärgefäß ihrer Wahl abseihen.

5. Die Hefe gemäß den Packungsangaben dazugeben und die Mischung zum Gären an einen warmen Ort stellen. 15–24 °C sind ideal.

6. Nach 1–2 Wochen sollte die Gärung beendet sein. Prüfen Sie mit dem Hydrometer, ob es soweit ist. Zeigt es an mehreren aufeinanderfolgenden Tagen 1012 oder niedriger an, ist das Porter zum Abfüllen bereit.

7. Die sterilisierten Flaschen wie im Bier-Grundrezept auf S. 74 mit Zucker „impfen" und mit Bier befüllen. Für 2 Tage an einen warmen Ort platzieren, damit die Flaschengärung anläuft, kühler stellen. Porter gelingt am besten, wenn es mindestens 2 Wochen in der Flasche reift.

NICKS TIPP:
VANILLE IM EIMER

So komisch das klingt: Zu den satten Röstaromen von Porter passt der einzigartige Geschmack der Vanille. Probieren Sie einmal, Ihr Porter mit einer ganzen Vanilleschote zu aromatisieren, die Sie mit in den Gäreimer geben.

Zubereitungszeit: 2¼ Stunden | **Gärzeit:** 1–2 Wochen | **Reifezeit:** 1 Woche

INDIA PALE ALE

India Pale Ale (IPA) wurde im England des 19. Jahrhunderts aus der Not geboren. Durch einen höheren Alkoholgehalt und extra viel Hopfen, der Bier haltbarer macht, konnten Brauer ein Bier liefern, das auch auf langen Schiffsreisen nach Indien nicht so leicht verdarb. Vor einigen Jahren noch hatte IPA allerdings seine hopfenstarken Höhenflüge hinter sich und war mehr und mehr zu einem beliebigen langweiligen Bitter geworden – bis sich jüngst das amerikanische Bier-Revival dieser Brauart annahm und sie als Spielwiese für neue intensive Hopfenaromen entdeckte. Die heutige Vielfalt von IPA-Sorten gefällt besonders Rich, der sich auf jede Neuentdeckung stürzt. Aber selbst er findet, dass sich das folgende Rezept immer wieder lohnt.

100 g geschrotetes Karamellmalz
700 g Trockenmalzextrakt „extra hell"
1 Handvoll Bitterhopfen (20 g) – etwa „Goldings", „Target" oder „Columbus"
1 Handvoll Aromahopfen (20 g) – etwa „Cascade", „Nelson", „Sauvin" oder „Citra"
Ale- oder Brauhefe
½ TL weißer Zucker pro Flasche, um die Flaschengärung anzuregen

1. Das geschrotete Malz in einem Topf mit 2¼ l Wasser bedecken (geben Sie es in ein Musselinsäckchen, wenn Sie eines haben) und bis auf 65–72 °C erhitzen, dann den Deckel schließen und das Malz bei dieser Temperatur 15 Minuten ziehen lassen. Gelegentlich umrühren.

2. Das Malz entfernen und das Malzextrakt hinzugeben. Aufkochen lassen, bis das Wasser stark schäumt, dann die Hitze reduzieren, damit es nicht überkocht.

3. Den Bitterhopfen hineingeben und die Mischung etwa 45 Minuten gleichmäßig köcheln lassen. 15 Minuten vor Ende der Kochzeit die Hälfte des Aromahopfens dazugeben.

4. Nach dem Ende der 45 Minuten den restlichen Aromahopfen dazutun und den Topf vom Herd nehmen. So bleiben die intensiven, frischen Hopfenaromen erhalten und sorgen für einen komplexen Biergeschmack.

5. 2¼ l kühles abgekochtes Wasser dazugießen, damit die Mischung abkühlt. Durch Umrühren lüften. Wenn sie unter 24 °C abgekühlt ist, in das Gärgefäß Ihrer Wahl abseihen.

6. Die Hefe nach Packungsangaben dazugeben und die Mischung zum Gären warm stellen. Eine Temperatur von 15–24 °C ist ideal.

7. An einem warmen Ort lagern, bis die Gärung beendet ist, dann Zucker in die sterilisierten Flachen geben, wie im Grundrezept auf S. 74 beschrieben, und das IPA abfüllen. Das Bier weitere 2 Tage warm stellen und dann an einem kühlen Ort mindestens 1 Woche reifen lassen.

RICH RÄT: GEHOPFT WIE GESPRUNGEN?

Probieren Sie einmal, andere Hopfenkombinationen zu unterschiedlichen Zeiten zuzugeben, und gestalten Sie einzigartige IPAs.

Zubereitungszeit: 2¼ Stunden | **Gärzeit:** 1–2 Wochen | **Reifezeit:** 1 Woche

WEIZEN

In jeder ordentlichen deutschen Kneipe bekommen Sie eine gute Auswahl Weizenbier, während Sie im Rest der Welt – außer in Belgien – wahrscheinlich länger suchen müssen. Deutschland ist stolz auf eine lange Weizentradition, und jede Gegend hat ihre eigene Weizenspezialität. Unser Bier ähnelt einem Hefeweizen aus Süddeutschland, das man wiederum auf belgische Art mit Orangenschale und Koriander ummodeln kann. Wichtig ist, dass Sie die richtige Weizenbierhefe verwenden, da sie die typischen an Bananen und Nelken erinnernden Aromen hervorbringt. Dem Hopfen kommt dadurch eine etwas untergeordnete Bedeutung zu. Weizenbier basiert eigentlich auf einer Mischung aus Weizen- und Gerstenmalz, was dankenswerterweise schon bei der Herstellung von Weizenmalzextrakt berücksichtigt ist.

100 g Brau-Weizenflocken
650 g Weizenmalzextrakt (Pulver)
einige Prisen Hopfen (10 g) – „Hallertauer", „Saazer" und „Tettnanger" sind typische Sorten
Weizenbier-Hefe
½ TL weißer Zucker pro Flasche, um die Flaschengärung anzuregen

BRAUERWEISHEITEN: WITBIER

Soll Ihr Weizenbier eher nach einem belgischen *witbier* schmecken, geben Sie 1 TL leicht zerdrückte Koriandersamen und die Schale von ¼ Orange 20 Minuten vor Ende der Kochzeit in den Topf.

WEIZENFLOCKEN

Weizenflocken unterstreichen den kräftigen Weizengeschmack, sorgen mit für ein weiches Mundgefühl sowie eine stabile Schaumbildung und geben dem Bier seine typische trübe Erscheinung. Auch im Müsli sind sie lecker.

1. Die Weizenflocken in ein Musselinsäckchen geben und in einem Topf mit 2¼ l Wasser bei rund 70 °C 20 Minuten ziehen lassen. Gelegentlich umrühren.

2. Das Säckchen aus dem trüb gewordenen Wasser nehmen und das Trockenmalzextrakt einrühren.

3. Die Mischung zum Kochen bringen, bis sie stark zu schäumen beginnt. Die Hitze reduzieren, damit nichts überkocht, dann erneut sanft zum Köcheln bringen. Den Hopfen zugeben und 1 Stunde gleichmäßig köcheln lassen.

4. Vom Herd nehmen und 2¼ l kühles abgekochtes Wasser dazugießen, damit die Temperatur sinkt. Die Mischung durch Umrühren lüften. Wwenn sie unter 24 °C abgekühlt ist, in das Gärgefäß Ihrer Wahl abseihen.

5. Die Hefe entsprechend der Packungsangaben dazugeben und die Mischung zum Gären stehenlassen. Die Idealtemperatur für Weizen ist 18–20 °C. Der Vorgang dauert 1–2 Wochen.

6. Ehe das Weizen abgefüllt wird, Zucker in die sterilisierten Flachen geben, wie im Grundrezept auf S. 74 beschrieben. Vor dem Trinken mindestens 1 Woche reifen lassen.

SERVIERVORSCHLAG

In Deutschland wird Weizenbier traditionell in hohen, schlanken Gläsern mit einer Schaumkrone serviert. Es gibt heiße Diskussionen darüber, ob eine Zitronenscheibe hineingehört oder nicht.

HOPFEN

Obwohl wahrscheinlich das Getreide bei der Entstehung von Bier den härtesten Job übernimmt, erntet oft der Hopfen Ruhm und Ehre. Hopfen verleiht Bier seinen typischen bitteren Geschmack. Aufgabe des Braumeisters ist es, für jede Bierart die passende Sorte zu finden und den Hopfen genau zum richtigen Zeitpunkt zuzugeben, damit er seine individuellen Eigenschaften ganz entfalten kann.

WAS IST HOPFEN?

Hopfen ist eine getrenntgeschlechtliche Kletterpflanze – es gibt also männliche und weibliche Exemplare. Letztere bringen zapfenförmige grüne Blüten hervor, die zum Bierbrauen verwendet werden. Sie werden im Herbst geerntet, wenn sie besonders aromatische Öle produzieren, und sind für Hausbrauer in ganz unterschiedlicher Form erhältlich. Am verbreitetsten ist neben vakuumverpackten frischen Blüten in Pellets gepresster Hopfen. Hopfen selbst zu ziehen ist relativ leicht: Pflanzen Sie einfach seine Rhizome ein, ehe sie im Frühling austreiben, und stellen Sie ihm etwas zum Hochklettern hin. In den Hecken am Wegesrand kann man Hopfen auch oft wild wachsen sehen.

HOPFEN ALS BRAUZUTAT

Die vielen verschiedenen Hopfensorten werden nach ihrem Alphasäuregehalt klassifiziert, was Rückschlüsse auf ihre Bitterkeit zulässt. Hopfen mit einem hohen Alphasäuregehalt werden in der Regel früh während des Würzekochens zugegeben und verleihen dem Bier seinen bitteren Geschmack, während Hopfen mit geringerem Gehalt oft erst am Ende mitgekocht wird, um Aromen und subtilere Geschmacksnoten beizusteuern. In komplexeren Bieren kommen verschiedene Sorten zum Einsatz, die zu unterschiedlichen Zeiten zugegeben werden und so einen vielschichtigen Geschmack aus verschiedenen Aromen erzeugen, mit dem der Braumeister seine Kunstfertigkeit beweist. Wir halten es in unseren Rezepten eher einfach, doch wenn Sie einmal mit den Möglichkeiten des Hopfens vertrauter geworden sind, können Sie einfach experimentieren und ganz neuartige Biere gestalten, indem Sie Hopfensorten austauschen oder sie auf andere Art einsetzen.

HOPFEN-TOP-FIVE

UNSERE FÜNF LIEBLINGSSORTEN

Goldings: Dieser Allrounder unter den Hopfensorten lässt sich für viele Bierarten einsetzen und kann sowohl Grundgeschmack als auch feine Aromen liefern. Da er uns noch nie im Stich gelassen hat, ist er unser Standardhopfen für die meisten Rezepte.

Hallertauer: Eine leicht würzige und sanft bittere deutsche Hopfensorte, die gut zu der Frische eines Lager-Biers passt.

Cascade: Bei diesem kräftigen, aromatischen Hopfen schmeckt manch einer Grapefruit-Noten heraus. Er ist vor allem für die Herstellung hopfensatter moderner amerikanischer Ale-Sorten beliebt.

Target: Ein klassischer britischer Bitterhopfen, der mehr aus Ihrem Bier macht. Neben vielen Aromen steuert er auch einen guten Hopfengeschmack bei.

Nelson Sauvin: Neuseeland ist eine Hochburg der Hopfenzucht und dies ist eine der beliebtesten neuen Sorten. Fruchtig, duftend und aromatisch.

Zubereitungszeit: 2 Stunden | **Gärzeit:** 4–6 Wochen | **Reifezeit:** 1 Monat

BRITISCHES LAGER

Wir wären schön blöd, wenn wir die beliebteste Biersorte der Welt auslassen würden, aber das heißt auch, dass dieses Rezept etwas mehr Präzision als die meisten anderen verlangt. Schuld ist die Hefe. Anders als in unseren übrigen Bieren kommt hier keine obergärige, sondern untergärige Hefe zum Einsatz – und die verlangt niedrigere Temperaturen, ein paar zusätzliche Arbeitsschritte und eine längere Reifezeit. Wenn Sie aber Geduld haben und ihr den kühlen Ort* bieten können, den sie braucht, lohnt ein schön frisches hausgebrautes Lager die Mühe allemal.

500 g Trockenmalzextrakt „extra hell"
100 g Zuckerrübensirup
1 kleine Handvoll Hopfen (rund 15 g) – „Hallertauer", „Saazer" oder „Tettnanger" sind typische Sorten
Lager-Hefe
½ TL weißer Zucker pro Flasche, um die Flaschengärung anzuregen

1. In einem großen Topf 2¼ l Wasser erhitzen und das Trockenmalzextrakt und den Sirup dazugeben. Umrühren, bis sich alles gut aufgelöst hat.

2. Die Mischung zum Kochen bringen, bis sie stark schäumt. Die Hitze verringern, damit nichts überkocht, dann vorsichtig erneut zum Köcheln bringen. Zwei Drittel des Hopfens dazugeben und 45 Minuten gleichmäßig weiterköcheln lassen. Den restlichen Hopfen erst während der letzten 5 Minuten zugeben.

3. Vom Herd nehmen und mit 2¼ l kühlem abgekochtem Wasser vermischen, um die Temperatur zu senken. Gut umrühren, damit Luft an die Mischung kommt.

4. Sobald sie abgekühlt ist, in das Gärgefäß abseihen. Unbedingt die Angaben auf der Verpackung der Hefe beachten, damit sie auf die richtige Weise und bei der richtigen Temperatur dazugegeben wird. Die ideale Gärtemperatur liegt zwischen 7 und 13 °C.

5. Wenn die Gärung nach 2–3 Wochen fast beendet ist (also im Gärröhrchen keine Blasen mehr aufsteigen oder die Hydrometer-Werte an aufeinanderfolgenden Tagen gleichbleibend bei um die 1.012 liegen), das Gärgefäß 2 Tage warm stellen (bei 16–21°C). Das bringt die Gärung wieder in Gang, um einen Stoffs namens Diacetyl abzubauen, der andernfalls Ihr Bier durch unschöne Geschmacksnoten beeinträchtigen würde.

6. Nach dieser zweiten Gärphase das Lager in ein zweites Gärgefäß abziehen und erneut kalt stellen – wenn möglich bei noch tieferen Temperaturen als zuvor – und 2–3 Wochen reifen lassen. Im Englischen nennt man diesen Vorgang ***lagering***.

7. Vor dem Abfüllen wie im Grundrezept (siehe S. 74) Zucker in die Flaschen geben und das Lager mindestens 1 Monat reifen lassen, ehe es getrunken wird.

** Wir nehmen immer Nicks Loft, das im Winter kühl und zugig ist.*

BRAUERWEISHEIT: PINGELIGES LAGER

Lager ist das Sensibelchen unter den Bieren und besteht auf weichem Wasser. Falls bei Ihnen hartes aus der Leitung kommt, empfehlen wir billiges Wasser aus dem Supermarkt als Ersatz.

Zubereitungszeit: 2 Stunden | **Gärzeit:** 1–2 Wochen | **Reifezeit:** 2 Wochen

HONIG-ALE

Craft-Bier-Brauer verbinden gern süße Zutaten und Malz, um Biere mit besonderen Eigenschaften zu kreieren. Dabei wirken nur wenige Ingredienzen so bereichernd wie Honig. Er kann jedem Bier zu einer gewissen Leichtigkeit verhelfen und neben einem leckeren Honigaroma zarte florale Noten verleihen. Dieses Bier ist leicht herzustellen – doch das Ergebnis wird Sie umhauen. Und wenn Sie so begeistert sind wie wir, probieren Sie doch Honig einmal mit anderen Biersorten aus.

100 g geschrotetes Karamellmalz
450 g Flüssigmalzextrakt (hell oder „Bernstein")
1 kleine Handvoll Hopfen (15 g) – etwa zwei Drittel Bitterhopfen und ein Drittel Aromahopfen
200 g pasteurisierter Honig
Ale- oder Brauhefe
½ TL weißer Zucker pro Flasche, um die Flaschengärung anzuregen

NOTIZ AM RANDE: ALTERNATIVEN FÜR ZUCKER

› **Zuckerrüben- oder Maissirup: Erhöht den Alkoholgehalt, ändert aber den Geschmack kaum.**

› **Melasse: Eine winzige Menge verleiht Ihrem Bier eine satte Toffee-Note – aber nicht übertreiben!**

› **Belgischer Kandiszucker: Oft für starke Biere verwendet. Versetzt außerhalb Belgiens Brauer in Angst und Schrecken.**

› **Laktose (Milchzucker): Vergärt nicht vollständig und wird deshalb zum Süßen eingesetzt. Daher hat *milk stout* seinen Namen.**

› **Ahornsirup: Macht ein Bier ähnlich wie Honig leichter. Mag noch jemand Pfannkuchen zum Bier?**

1. Das geschrotete Malz mit 2¼ l Wasser in einen Topf geben. Anstelle der Süße des Honigs, die bei der Gärung verschwindet, liefert das Karamellmalz einen Hauch von Karamell. Das Wasser auf 65–72 °C erhitzen, den Deckel schließen und den Inhalt bei gleichbleibender Temperatur 15 Minuten ziehen lassen. Gelegentlich umrühren.

2. Das geschrotete Malz entfernen, das Malzextrakt einrühren und die Mischung zum Kochen bringen. Wenn sie stark zu schäumen beginnt, die Hitze reduzieren, damit nichts überkocht.

3. Etwa zwei Drittel des Hopfens zugeben (am besten nur den Bitterhopfen – siehe S. 81) und rund 45 Minuten gleichmäßig weiterköcheln lassen.

4. Während der letzten 5 Minuten des Kochvorgangs den Honig und den restlichen Hopfen zugeben (und zwar den Aromahopfen – siehe S. 81)

5. Den Topf vom Herd nehmen und 2¼ l kühles abgekochtes Wasser dazumischen, damit die Temperatur schnell sinkt. Gut umrühren, damit Luft an das Gemisch kommt, und wenn es unter 24 °C abgekühlt ist, in den Gärbehälter Ihrer Wahl abseihen.

6. Die Hefe gemäß den Anweisungen auf der Verpackung zugeben und das Ale zum Vergären an einen warmen Ort stellen. 15–24 °C sind ideal.

7. Wenn die Gärung zum Ende gekommen ist, etwas Zucker in jede Flasche geben, wie im Grundrezept auf S. 74 beschrieben. Das Bier erneut 2 Tage warm stellen, dann an einem kühlen Ort mindestens 2 Wochen reifen lassen, ehe es getrunken werden kann.

DIE ALES DES PRÄSIDENTEN

2012 sorgte Barack Obama in der Craft-Bier-Szene für Aufregung, als er die Rezepte für „White House Honey Ale“ und „White House Honey Porter“ veröffentlichte. Der Honig des Präsidenten stammt aus den Bienenstöcken, die auf dem Rasen vor dem Weißen Haus stehen.

Zubereitungszeit: 2¼ Stunden | **Gärzeit:** 1–2 Wochen | **Reifezeit:** 3 Wochen

NICKS SÜSSHOLZ-STOUT

Wir mögen unser Bier gern dunkel. Unser English Brown Ale (siehe S. 92) ist ein dunkelbraunes Bier par excellence, unser Porter (siehe S. 76) dringt in noch dunklere Regionen vor, aber nichts ist so schwarz wie Nicks Süßholz-Stout. Dieses kräftige Bier aus Schwarzmalz und gerösteter Gerste ist besonders stark gehopft und enthält zur Krönung pechschwarzes Süßholz. Es ist nicht nur unser Schwärzestes, sondern auch unser Stärkstes und muss daher länger reifen und mit dem gebührenden Respekt genossen werden.

- 50 g Schwarzmalz
- 50 g geröstete Gerste
- 900 g Flüssigmalzextrakt (hell oder „Bernstein")
- 1 Stange Süßholzwurzel (ca. 5 g)
- 1 Handvoll Bitterhopfen (20 g) – etwa „Goldings", „Target" oder „Columbus"
- 1 Handvoll Aromahopfen (20 g) – etwa „Cascade", „Nelson Sauvin" oder „Citra"
- Ale- oder Brauhefe
- ½ TL weißer Zucker pro Flasche, um die Flaschengärung anzuregen

1. Schwarzmalz und geröstete Gerste in einem Topf mit 2¼ l Wasser 15 Minuten einweichen. Gibt man das Getreide in ein Säckchen, wird der nächste Schritt leichter ...

2. Das Getreide herausnehmen und das Flüssigmalzextrakt dazugeben. Die Mischung zum Kochen bringen. Wenn sie stark zu schäumen beginnt, die Hitze reduzieren, damit nichts überkocht.

3. Die Süßholzstange in 3 oder 4 Stücke zerbrechen und zusammen mit dem Bitterhopfen in den Topf geben. Etwa 45 Minuten gleichmäßig köcheln lassen. 15 Minuten vor dem Ende der Kochzeit den Aromahopfen zugeben.

4. Denn Topf vom Herd nehmen und 2¼ l kühles abgekochtes Wasser in die heiße Mischung gießen, um sie herunterzukühlen. Durch gründliches Umrühren belüften. Sobald die Temperatur unter 24 °C gefallen ist, in den Gärbehälter Ihrer Wahl abseihen. Den Hopfen entsorgen, aber die Süßholzstücke retten und mit in den Gäreimer geben. Zur Sicherheit noch einmal gut umrühren.

5. Die Hefe zugeben und die Mischung warm stellen:15–24 °C sind ideal. Die Gärung dauert 1–2 Wochen.

6. Ist sie beendet, die sterilisierten Flaschen wie im Grundrezept (siehe S. 74) mit Zucker präparieren und mit Bier füllen. Die Süßholzwurzel diesmal draußen lassen. Nach 10 Tagen ist das Bier trinkfertig, doch wir empfehlen, mindestens 3 Wochen zu warten. Und auf jeden Fall sollten Sie mindestens eine Flasche einige Monate zur Seite legen, um das Stout auf seinem Höhepunkt genießen zu können.

Zubereitungszeit: 2¼ Stunden | **Gärzeit:** 1–2 Wochen | **Reifezeit:** 1 Woche

HIMBEER-ALE

Vor vielen Jahren, in unserer Frühzeit als jugendliche Biertrinker, mussten wir noch nach Belgien reisen, wenn uns nach fruchtigem Bier war. Heute kriegt man es schon etwas leichter, doch oft enthält es süßen Sirup anstelle frischer Früchte – ein Grund mehr, selbst zu brauen. Himbeeren sind unsere erste Wahl zum Aromatisieren von Bier, denn es nimmt ihren säuerlich-fruchtigen Geschmack an, der die Karamellnoten aus dem Malz und den Bitterhopfengeschmack perfekt ergänzt. Diese beerenrote Schönheit ist ein solcher Erfolg, dass jeder, der davon kostet, sich fragt, warum Himbeer-Ale eigentlich nicht häufiger in Bars und Kneipen angeboten wird.

450 g Himbeeren
100 g geschrotetes Karamellmalz
400 g Flüssigmalzextrakt (hell oder „Bernstein")
300 g Trockenmalzextrakt (extra hell)
50 g Brau-Gerstenflocken
1 kleine Handvoll Bitterhopfen (15 g)
Ale- oder Brauhefe
½ TL weißer Zucker pro Flasche, um die Flaschengärung anzuregen

1. Die Himbeeren waschen und ins Gefrierfach legen. (So entlassen sie beim Auftauen leichter ihren Saft.)

2. Das geschrotete Malz mit 2¼ l Wasser in einen Topf geben (am besten in einem Musselinsäckchen). Das Wasser auf 65–72 °C erhitzen, den Deckel schließen und die Mischung 15 Minuten bei gleichbleibender Temperatur ziehen lassen. Gelegentlich umrühren.

3. Das Malz herausnehmen und beide Sorten Malzextrakt sowie die Gerstenflocken hinzugeben. Auch für Letztere eignet sich ein Säckchen, wenn Sie eines haben. Die Mischung zum Kochen bringen, bis sie stark zu schäumen beginnt, dann die Hitze reduzieren, damit nichts überkocht. Den Hopfen zugeben und alles gleichmäßig 45 Minuten köcheln lassen.

4. 2¼ l kühles abgekochtes Wasser dazugießen, um die Temperatur zu senken. Durch gründliches Umrühren belüften. Sobald die Temperatur unter 24 °C gefallen ist, in den Gärbehälter Ihrer Wahl abseihen.

5. Die Hefe gemäß den Packungsangaben dazugeben und alles zum Gären an einen warmen Ort stellen: 15–24 °C sind ideal.

6. Nach den ersten Tagen der Gärung bildet sich auf dem Bier ein dicker krustenartiger Schaum. Sobald er sich zu einer dünnen Schicht zurückgebildet hat, die Himbeeren gründlich auftauen, in den Eimer geben und den Deckel erneut schließen.

7. Nach dem Ende der Gärzeit die Flaschen mit Zucker präparieren, wie im Bier-Grundrezept auf S. 74 beschrieben. Das Bier nach dem Abfüllen 2 Tage warm stellen, dann an einem kalten Ort mindestens 1 Woche reifen lassen, ehe es getrunken wird.

NOTIZ AM RANDE: MEHR SPASS MIT FRÜCHTEN?

Bereichern Sie Ihr Bier auch mit anderen Aromen aus frischem Obst. Probieren Sie etwa die Geschmacksrichtungen Kirsch, Pfirsich, schwarze Johannisbeere, Erdbeer, Ananas oder Pflaume aus.

Zubereitungszeit: 2¼ Stunden | **Gärzeit:** 1–2 Wochen | **Reifezeit:** 2 Wochen

WIKINGER-ALE

Haben die Wikinger schon Bier gebraut? Na klar! Zwar sind sich die Bierologen noch nicht im Klaren, welche Zutaten genau in den Braueimer kamen, aber die meisten sind sich einig, dass etwas Ähnliches wie ein finnischer Sahti dabei herauskam. Dieses berüchtigte Getränk wird aus unterschiedlichen Getreiden gewonnen, darunter auch Roggen, und durch ein Geflecht aus Wacholderzweigen gefiltert. Wir haben den Wacholdergeschmack mithilfe von Beeren erzielt, die überdies intensiv fruchtig-säuerliche Aromen und einen trockenen, herben Abgang beigetragen haben. Dieses markante Wikingerbier ist also nichts für Weicheier …

100 g geschrotetes Karamellmalz
50 g Roggenflocken
700 g Flüssigmalzextrakt (hell oder „Bernstein")
1 ganz kleine Handvoll Bitterhopfen (10 g)
5 g Holunderbeeren
Ale- oder Brauhefe
½ TL weißer Zucker pro Flasche, um die Flaschengärung anzuregen

1. Das geschrotete Malz und die Roggenflocken in ein Musselinsäckchen geben und in einen Topf mit 2¼ l Wasser legen. Auf 65–72 °C erhitzen. Den Topf schließen und den Inhalt bei gleichbleibender Temperatur 15 Minuten ziehen lassen. Gelegentlich umrühren.

2. Das Getreide entfernen, das Flüssigmalzextrakt zugeben und die Mischung zum Kochen bringen. Wenn sie stark zu schäumen beginnt, die Hitze reduzieren, damit nichts überkocht. Den Hopfen zugeben und 45 Minuten alles gleichmäßig köcheln lassen.

3. Die Holunderbeeren leicht zerdrücken und nach 30 Minuten Kochzeit in die Mischung geben. So können sie 15 Minuten lang ihr charakteristisches Bitteraroma beisteuern.

4. Den Topf vom Herd nehmen, den Inhalt abseihen und 2¼ l kühles abgekochtes Wasser dazugeben, damit die Temperatur sinkt. Gut umrühren, damit Luft an das Gemisch kommt. Wenn es unter 24 °C abgekühlt ist, in das Gärgefäß Ihrer Wahl abseihen.

5. Die Hefe gemäß den Packungsangaben zugeben und das Ale an einem warmen Ort 1–2 Wochen gären lassen. Die ideale Temperatur liegt zwischen 15 und 24 °C.

6. In die sterilisierten Flaschen etwas Zucker geben, wie im Bier-Grundrezept auf S. 74 beschrieben, und das Bier abfüllen. Danach 2 Tage warm stellen und anschließend an einem kühlen Ort 2 Wochen reifen lassen, bis es trinkfertig ist.

Zubereitungszeit: 3 Stunden | **Gärzeit:** 1–2 Wochen | **Reifezeit:** 1 Woche

KÜRBIS-ALE

Ganz Amerika scheint dem *pumpkin pie* so verfallen, dass man diesen Kürbiskuchen dort sogar in flüssiger Form findet: als *pumpkin ale*, ein Bier, das mit den typischen Gewürzen der *pie* versetzt ist. Dieses erfrischend würzige Herbstbräu ist überraschenderweise so lecker, dass es einen Platz in unserem Buch verdient hat. Oft werden Gewürzmischungen aus der Dose verwendet, aber bei unserem Versuch, dieses ungewöhnliche amerikanische Ale nachzubrauen, haben wir uns entschieden, bei den Gewürzen ganz vorn anzufangen.

1 kleiner Kürbis (nicht schwerer als 1 kg), geschält, entkernt und in Stücke geschnitten
750 g Flüssigmalzextrakt (hell oder „Bernstein")
1 kleine Handvoll Bitterhopfen (15 g)
Ale- oder Brauhefe
½ TL weißer Zucker pro Flasche, um die Flaschengärung anzuregen

GEWÜRZMISCHUNG
½ Zimtstange
2 cm Ingwerwurzel, geschält und gerieben
2 Gewürznelken
1 Prise gemahlene Muskatnuss

1. Den Ofen auf 180 °C vorheizen. Die Kürbisstücke auf einem Backblech verteilen und weichgaren – das dauert etwa 1 Stunde.

2. Die Kürbisstücke in ein Musselinsäckchen stopfen und in einen Topf mit 2¼ l Wasser legen. Das Wasser zum Kochen bringen und bei geschlossenem Deckel 15–20 Minuten köcheln lassen, dabei gelegentlich umrühren. Das Säckchen entfernen und so viel Flüssigkeit wie möglich aus der weichen Masse herauspressen. Den Kürbismatsch entsorgen.

3. Das Flüssigmalzextrakt in das mit Kürbis aromatisierte Wasser geben. Aufkochen, bis es stark schäumt, dann die Hitze herunterregeln, damit nichts überkocht. Zwei Drittel des Hopfens dazugeben und die Mischung 45 Minuten gleichmäßig kochen lassen. Das verbleibende Drittel des Hopfens während der letzten 5 Minuten der Kochzeit dazugeben, damit das Bier noch ein bisschen hopfiger schmeckt.

4. Zu dem heißen malzigen Gemisch 2¼ l kühles abgekochtes Wasser geben, damit die Temperatur sinkt. Gut durchrühren, damit Luft an die Mischung kommt. Wenn sie auf unter 24 °C abgekühlt ist, in das Gärgefäß Ihrer Wahl abseihen. Die Hefe gemäß Packungsangaben zugeben und das Gemisch zum Gären an einen warmen Ort stellen. 15–24 °C sind ideal.

5. Während der nächsten Tage entsteht auf dem Bier ein krustiger Schaum. Bildet er sich allmählich zurück, die Gewürze in 125 ml kochendes Wasser geben und 5 Minuten köcheln lassen. Vor dem Abseihen abkühlen lassen, dann das aromatisierte Wasser ins Gärgefäß gießen. Das Bier ruhenlassen, damit die Gärung zum Ende kommt.

6. Die sterilisierten Flaschen mit etwas Zucker versehen (siehe S. 74), ehe das Bier hineingefüllt wird. Die Flaschen 2 Tage warm stellen, dann an einem kühlen Ort mindestens 1 Woche reifen lassen, ehe das Bier getrunken werden kann.

DIE KÜRBISSE DER KOLONISTEN

Kürbis-Ale ist nicht so modern wie es scheint. Die ersten Siedler in Amerika vermissten dort ihre Gerste und sehnten sich so schmerzlich nach einem gemütlichen Abend beim Bier, dass sie auf den verbreiteten Kürbis zurückgriffen – allerdings ohne die heute typische Würze.

Zubereitungszeit: 2¼ Stunden | **Gärzeit:** 1–2 Wochen | **Reifezeit:** 1 Woche

ENGLISH BROWN ALE

Wie bei vielen anderen Bieren variiert auch der Stil eines Brown Ale je nach Weltgegend. Sogar sein Ursprungsland England ist in Nord und Süd gespalten, wenn es darum geht, welche genauen Eigenschaften es haben muss. Von den regionalen Vorlieben einmal abgesehen, handelt es sich typischerweise um ein dunkles Bier, bei dem der Hopfen zugunsten des Malzaromas in den Hintergrund tritt*. Wir haben die Farbe noch kräftiger und den Geschmack noch röstiger gemacht, indem wir eine kleine Menge des gerösteten sogenannten Schokoladenmalz zugegeben haben. Seinen Namen trägt es wegen seiner schokoladigen Farbe, doch es bringt wohl auch einen Hauch Kakaoaroma mit sich.

- 50 g geschrotetes Karamellmalz
- 400 g Flüssigmalzextrakt (hell oder „Bernstein")
- 250 g dunkles Trockenmalzextrakt
- 15 g Schokoladenmalz
- 1 winzige Handvoll Hopfen (10 g) – am besten ein englischer Bitterhopfen wie „Goldings" oder „Fuggles"
- Ale- oder Brauhefe
- ½ TL Zucker pro Flasche, um die Flaschengärung in Gang zu bringen

1. Das geschrotete Malz mit 2¼ l Wasser in einen Topf geben (wenn Sie ein Musselinsäckchen haben, nehmen Sie es als Behältnis für das Malz) und auf 65–72 °C erhitzen. Den Deckel schließen und das Malz bei gleichbleibender Temperatur 15 Minuten ziehen lassen. Gelegentlich umrühren.

2. Das Getreidesäckchen entfernen und beide Sorten Malzextrakt sowie das Schokoladenmalz hinzugeben. Die Mischung zum Kochen bringen, bis sie stark schäumt, dann die Hitze reduzieren, damit nichts überkocht.

3. Den Hopfen dazugeben und die Mischung 45 Minuten gleichmäßig köcheln lassen.

4. Den Topf vom Herd nehmen und 2¼ l kühles abgekochtes Wasser angießen, damit die Temperatur sinkt. Gut umrühren, damit Luft an die Mischung kommt. Wenn sie auf unter 24 °C abgekühlt ist, in das Gärgefäß ihrer Wahl abseihen.

5. Die Hefe gemäß den Packungsangaben dazugeben und das Gefäß warm stellen: 15–24 °C sind ideal.

6. Nach dem Ende des Gärvorgangs die sterilisierten Flaschen wie im Bier-Grundrezept auf S. 74 mit Zucker präparieren und das Bier abfüllen. Die Flaschen 2 Tage warm stellen und dann das Ale an einem kühlen Ort mindesten 1 Woche reifen lassen, ehe es getrunken werden kann.

* *Es sei denn, Sie haben ein amerikanisches Brown Ale im Sinn. In Amerika kommt bei den meisten Biersorten haufenweise Hopfen zum Einsatz.*

Zubereitungszeit: 2 Stunden | **Gärzeit:** 1–2 Wochen | **Reifezeit:** 1 Woche

GINGER ALE

Die beiden Oberbegriffe „Bier" und „Ale" können schon irritierend sein, aber wenn man ein „Ginger" davorsetzt, ist die Verwirrung perfekt, denn dann weiß man gar nicht mehr, ob es sich um Alkohol oder ein Soft-Getränk handelt. Zu diesem Rezept muss man nur wissen, dass es sich a) um ein echtes alkoholhaltiges Bier aus Malz, Hopfen und einem Schuss Ingwer handelt und dass es b) überaus lecker schmeckt. Stellen Sie sich ein gutes Glas Ale vor, das Ihren Gaumen mit einer angenehm würzigen Ingwernote kitzelt. Dann lehnen Sie sich zurück, nehmen einen tiefen Schluck und schon ist die letzte Verwirrung verflogen …

300 g Flüssigmalzextrakt (hell oder „Bernstein")
10 cm Ingwerwurzel, geschält und grob gehackt
250 g weißer Zucker
Saft und Schale einer ungewachsten Zitrone
1 kleine Handvoll Bitterhopfen (15 g)
Ale- oder Brauhefe
½ TL Zucker pro Flasche, um die Flaschengärung in Gang zu bringen

1. In einem großen Topf 2¼ l Wasser erhitzen, das Malzextrakt dazugeben und umrühren, bis es sich gelöst hat.

2. Den geschälten Ingwer grob zerkleinern und zerdrücken, damit er seine leckere Würze freigibt. Die Stücke mit dem Zucker und der Zitronenschale (ohne weiße Innenhaut) in die Mischung geben.

3. Die Mischung zum Kochen bringen, bis sie stark schäumt. Die Hitze reduzieren, damit nichts überkocht, dann erneut aufkochen lassen und diesen Vorgang wiederholen, bis die starke Schaumentwicklung ausbleibt. Den Deckel bis auf eine kleine Lücke schließen und den Inhalt 15 Minuten sanft köcheln lassen, dann den Hopfen zugeben.

4. Anschließend weitere 30 Minuten weiter köcheln lassen.

5. Zu der Mischung 2¼ l kühles abgekochtes Wasser hinzugießen, um die Temperatur zu senken. Durch kräftiges Rühren Luft an die Mischung bringen.

6. Wenn sie auf unter 24 °C abgekühlt ist, in das Gärbehältnis Ihrer Wahl abseihen. Den Zitronensaft in die Mischung pressen, die Hefe dazugeben und warm stellen.

7. Die Gärung wird etwa 1–2 Wochen dauern, dann ist es Zeit zum Abfüllen. Die sterilisierten Flaschen, wie im Grundrezept auf S. 74 beschrieben, mit etwas Zucker präparieren und dann das Bier abfüllen. Die Flaschen 2 Tage warm stellen – dabei vergärt der zusätzliche Zucker, rundet das Bier ab und verleiht ihm ein leichtes Bitzeln – und an einen kühleren Ort umlagern. Vor dem Genießen mindestens 1 Woche in der Flasche reifen lassen.

GRUNDLAGEN FÜR SPRUDELNDE GETRÄNKE

Es kann ganz leicht sein, sprudelnde Getränke zu brauen, indem man obst-, blüten- oder gemüsehaltige Zuckerlösungen mit Hefe versetzt und fermentieren lässt. Das ist die einfachste Art, mit dem herrlichen Metier des Hausbrauertums vertraut zu werden.

Wie die Rezepte dieses Kapitels beweisen, braucht es nur ein bisschen Lust und Fantasie, um sich endlose Variationen für spritziges Gebräu einfallen zu lassen. Ein kleines Päckchen Hefe kann Sie als aufstrebenden Braumeister auf Entdeckungsreise in die Welt der alkoholischen Gärung schicken, und plötzlich finden Sie sich beim Durchforsten von Hecken, Schrebergärten und Speisekammern wieder – auf der Suche nach Vergärbarem.

Die einfache Technik zur Herstellung eines sprudelnden Getränks kommt in vielen berühmten Rezepten zum Einsatz – etwa bei dem beliebten Holundersekt, einem Heckengebräu, dessen Herstellung trotz der schnieken Bezeichnung nur wenig mit der Kunst des Kelterns gemeinsam hat. Oder nehmen Sie das bei englischen Picknicks unvermeidliche würzig-klebrige zischende Ingwerbier – ein wahrer Wespenmagnet. Doch neben diesen Klassikern gibt es zahllose andere Tröpfchen zu entdecken und auszuprobieren.

SCHNELLE GÄRUNG

Der wichtigste Anreiz für angehende Braumeister moussierender Mixturen ist die kurze Zeit, in der sich die Zutaten in trinkfertige Resultate verwandeln. Innerhalb weniger Tage entstehen sprudelnde Köstlichkeiten, mit denen man bei Gästen von Grillfesten, Picknicks und Partys als kompetenter Hausbrauer schwer Eindruck schinden kann.

Und läuft einmal nicht alles nach Plan, sind Fehler ebenso schnell behoben, wie man Rezepte variieren und geradebiegen kann. Außerdem lernt man ganz praktisch, wie sich Zucker, Säuren und unterschiedliche Zutaten gegenseitig ergänzen, sodass man bei den ersten Versuchen an den komplizierteren Fruchtwein-, Met- und Cider-Rezepten dieses Buchs auf Vorwissen zurückgreifen kann.

WAS WIRD VERGOREN?

Ganz allgemein gesprochen, eignen sich kräftige Fruchtaromen am besten, aber probieren Sie auch einfach einmal andere Sachen aus, die Ihnen schmecken. Sie müssen nur die Geschmackszutaten aussuchen und sich um den Zuckergehalt Ihres Fermentationskandidaten keine Sorgen machen, denn in unseren Rezepten bekommt die Hefe allein aus dem Zucker ausreichend Treibstoff.

Überlegen Sie jedoch immer, ob eine frische Note den Geschmack vielleicht ausgewogener gestalten kann. Wenn nicht gerade etwas prägnant Zitrus-Aromatisches vergoren wird, wollen die säuerlichen Komponenten durch etwas Zitronensaft oder -schale verstärkt sein – denken Sie nur stets daran, dass die weiße Unterhaut unerwünschte Bitternoten erzeugt, weshalb nichts davon in die Mischung geraten sollte.

EXPLOSIV!

Es mag zwar verlockend erscheinen, Ihr sprudelndes Gebräu in schicke Glasflaschen abzufüllen und so zu kredenzen, doch wir raten zu Plastik. Es gärt nämlich weiter und setzt daher CO_2 frei – und nichts ruiniert ein schönes Picknick so sehr wie eine explodierende Flasche Ingwerbier. (Wespen im Marmeladenbrot kommen knapp auf Rang 2.) Außerdem raten wir, das Getränk im Kühlschrank zu lagern, wenn es ausreichend vergoren ist, da die Hefeaktivität im Kühlen gehemmt ist.

EVERY
WHITEWAYS
WINE
CYDRAX

Auch Essig ist eine leicht erhältliche Säure, die man verwenden kann. Wir nehmen am liebsten Apfelessig, aber eigentlich eignen sich alle Sorten. So wird der Geschmack Ihres sprudelnden Gebräus angenehm abgerundet. Aber übertreiben Sie es nicht und behalten Sie noch genug für ***fish and chips*** zurück.

GRUNDAUSSTATTUNG

Neben üblichen Küchengeräten wie Löffeln zum Umrühren und einem feinen Sieb brauchen Sie ein Gefäß, in dem Ihr Getränk gären kann. Einfache Lebensmitteleimer sind das Naheliegendste, denn man kann sie ebenso gut für kleine wie für größere Mengen verwenden. Einen Deckel brauchen Sie nicht unbedingt, denn man kann zum Schließen auch ein (sauberes!) Küchenhandtuch nehmen und so fiese Luftkeime aus dem Eimer fernhalten, aber gleichzeitig genügend Sauerstoff hineinlassen, um den Gärprozess in Gang zu bringen.

DER MAGISCHE MOMENT

Wenn Ihr Getränk genossen wird, soll es noch „leben": Die Gärung darf noch nicht beendet sein, sondern die Hefe soll weiter Zucker verarbeiten und dabei CO_2 freisetzen, das in Form von Sprudelbläschen aufsteigt. Der Knackpunkt ist, den günstigsten Moment zu erwischen, wenn noch genug Zucker vorhanden und das Getränk schön süß ist. Das ist natürlich die Krux, denn mehr Restzucker bedeutet natürlich umgekehrt, dass weniger in CO_2 umgewandelt wurde und, was noch entscheidender ist, in Alkohol.

Unsere sprudelnden Weine sind zwar nicht alkoholfrei, aber doch recht niedrigprozentig, weil sie vor allem leicht und schnell herzustellen sein sollten. Man kann ihren Alkoholgehalt natürlich steigern, wenn Sie das wollen. Einfach deutlich mehr Zucker zugeben und länger gären lassen.

WEG MIT DEM DRECK!

Ein Haken bei der Herstellung solcher Getränke ist allerdings die relativ große Menge unansehnlicher Bodensatz unten in der Flasche. Bei Fruchtwein oder Cider würde man den Most normalerweise abziehen (siehe S. 16) und so das Problem beheben. Wenn man das aber bei einem sprudelnden Getränk macht, verliert man wertvolles CO_2, und schon perlt es in der Champagnerflöte nicht mehr so eindrucksvoll, wenn ein spontaner gesellschaftlicher Höhepunkt nach einem schaumweinartigen Getränk verlangt.

Glücklicherweise gibt es ein einfaches Rettungsmanöver. Einfach die Flasche umdrehen, sodass sich die Ablagerungen im Hals sammeln, dann unter Wasser halten und schnell den Deckel auf- und wieder zuschrauben. Durch den Druck entweicht das Sediment und zurück bleibt ein reines sprudelndes Tröpfchen zum Eindruckschinden.

Zubereitungszeit: 10 Minuten | **Gärzeit:** 1 Tag | **Reifezeit:** 4–5 Tage

SIMA (FINNISCHER FRÜHLINGSMET)

Sima oder „Frühlingsmet" ist ein sprudelnder Wein aus Finnland, der nach alter Tradition am 1. Mai genossen wird, vor allem während des Vappu-Fests, bei dem überall auf den Straßen ausgelassen das Winterende und die Ankunft des Frühlings gefeiert wird. Sima ist kinderleicht herzustellen und dazu noch clever ausgedacht, denn die Rosinen sorgen nicht nur für einen vielfältigeren Geschmack, sondern zeigen an, wann das Getränk fertig ist: Dann steigen sie nämlich nach oben.*

- Saft und Schale von 4 ungewachsten Zitronen
- 100 g weißer Zucker
- 100 g brauner Zucker
- Ale-Hefe
- 1 kleine Handvoll Rosinen
- 2 TL Zucker pro Flasche, um die Flaschengärung anzuregen

1. In Ihrem größten Topf 2 l Wasser zum Kochen bringen. Das kochende Wasser in einen Gäreimer aus Plastik füllen und die Zitronenschale, den Saft und den Zucker hineingeben. Durch kräftiges Umrühren den Zucker auflösen und die Mischung zum Abkühlen stehenlassen.

2. Die Hefe dazugeben und erneut umrühren, den Gäreimer locker mit einem Küchenhandtuch abdecken und für etwa 1 Tag an einen warmen Ort stellen, bis sich an der Oberfläche des Gemischs erste Blasen zeigen.

3. Die Mischung durch ein Passiertuch in zwei 1-Liter-Limo- oder Colaflaschen aus Plastik füllen. Jede Flasche mit ein paar Rosinen und 2 TL Zucker bestücken, zuschrauben und in den Kühlschrank stellen.

4. Die Flaschen 4–5 Tage kühlgestellt lassen und die Deckel regelmäßig kurz lockern, damit Druck entweichen kann und keine Flasche platzt. Beginnen die Rosinen lustig nach oben zu steigen, ist der Sima fertig.

5. Öffnen. Trinken. Die Sonne geht auf!

DAS VAPPU-FEST

Gemäß Brauchtum tragen zu Vappu alle finnischen Abiturienten ihre an Matrosenhüte erinnernden weißen Schulabschlussmützen. Inoffizielle Traditionen besagen, dass jeder Kappenträger im Lauf des Tages durch reichlichen Genuss von Sima + Wodka volltrunken zu sein hat.

* *Legen Sie eine Taschenlampe hinter Ihre Sima-Flasche und – tadaa! – schon haben Sie eine einfache (vielleicht etwas enttäuschende) Lavalampe …*

Zubereitungszeit: 20 Minuten | **Gärzeit:** 2–3 Tage | **Reifezeit:** 1 Tag

TEPACHE

Mit der Ananas weiß man in den Küchen der Welt enttäuschend wenig anzufangen: Sie wird mit Cocktailspießchen durchbohrt und auf Käsewürfeln fixiert oder an der Seite von Formvorderschinken auf die Pizza gestreut. Glücklicherweise behandelt man sie in Mexiko mit weit größerem Respekt und verwendet sie als Zutat für dieses schnell und leicht herzustellende sprudelnde Getränk. Die Gärung kommt auf natürlichem Weg in Gang, denn auf der Ananasschale residieren vermehrungswillige wilde Hefen. Darüber hinaus bleibt sogar das Fruchtfleisch zur weiteren Verwendung übrig – aber bitte nicht als Pizzabelag.

350 g weicher dunkelbrauner Zucker
1 Zimtstange
Herz und Schale einer vollreifen Ananas, in Stücke zerteilt

1. Den Zucker und die Zimtstange in einen Topf geben und mit 1½ l Wasser bedecken. In Mexiko wird Piloncillo-Zucker verwendet, aber auch mit einer anderen weichen dunkelbraunen Sorte gelingt der Tepache gut.

2. Das Wasser zum Kochen bringen, 5 Minuten sanft köcheln lassen und den Zucker durch Rühren auflösen. Beiseitestellen und abkühlen lassen.

3. In Mexiko wird Tepache in geschlossenen Tontöpfen vergoren. Wenn solches Geschirr nicht in Ihrem Schrank steht, verwenden Sie eine große Karaffe oder eine Bowle. Sobald das Gemisch auf Körpertemperatur abgekühlt ist (handwarm), die Zimtstange entfernen und den Tepache in das Gärgefäß gießen. Die zerkleinerten Ananasstücke hineingeben und das Gefäß mit einem Teller, einem Stück Stoff oder Frischhaltefolie bedecken.

4. An einen warmen Ort stellen. Nach einer gewissen Zeit steigen Blasen auf – mit der Zeit werden es immer mehr. Lassen Sie die Mischung 2–3 Tage gären.

5. Den Tepache durch ein Sieb in einen Krug gießen, das Gefäß mit Frischhaltefolie schließen und in den Kühlschrank stellen. Nach 1 Tag genießen und innerhalb von 48 Stunden aufbrauchen.

SERVIERVORSCHLAG

Direkt aus dem Kühlschrank auf Eis serviert ist Tepache ein leckerer Durstlöscher. Wir absolvieren immer das volle mexikanische Programm und reiben zuerst den Rand des Glases mit einer Limettenscheibe ein und drücken es in eine Mischung aus Chiliflocken und Salz, ehe der Tepache hineinkommt.

NICKS TIPP: RESTEVERWERTUNG

Wohin nun mit dem Fruchtfleisch? Wenn Sie nicht gerade unseren leckeren Ananaswein machen wollen (siehe S.28), können Sie es im Mixer zu einem klasse Smoothie verarbeiten oder entsaften und Cocktails daraus bereiten. Wir empfehlen: Ananasstücke in Spiced Rum (siehe S. 165), verdünnt mit Ananassaft.

Zubereitungszeit: 10 Minuten | **Gärzeit:** 7–9 Tage

DOSENOBST-ZISCHER

Wenn der Drang, etwas zu vergären, unwiderstehlich wird und die Zeit drängt, scheuen wir oft nicht davor zurück, in Küchenschränken nach verborgenen Kostbarkeiten in Dosen zu suchen. In einer Dose Obst steckt alles, was ein leckeres Gebräu braucht: kräftige Fruchtaromen und gärfähiger Zucker in Hülle und Fülle. Dazu kommt einfach Zitronensaft – als Gegenpol zur Süße – und Hefe, um die Fete in Schwung zu bringen. Das Ergebnis können Sie im Sommer zum Picknick herumreichen oder zu festlichen Anlässen im Champagnerglas kredenzen – nur nicht verraten, woraus es entstanden ist.

400 g Obst aus der Dose (was Ihnen gerade in die Finger fällt)
Saft von 1 ungewachsten Zitrone
200 g Kristallzucker
Ale-Hefe

1. Durchforsten Sie Ihre Speisekammer und schnappen Sie sich eine Dose Obst. Die Sorte tut nichts zur Sache ... Pflaumen? Eignen sich hervorragend, aber mit Pfirsichen, Birnen oder sogar Grapefruitstücken aus der Dose geht es ebenso gut. Passen Sie bitte auf, dass sie keine Suppe erwischen.

2 Das Obst mit einem Kartoffelstampfer oder einem anderen geeigneten stumpfen Gegenstand zerdrücken und zusammen mit dem Zitronensaft und dem Zucker in einen sterilisierten Gäreimer geben. 2 l Wasser zum Kochen bringen, in den Eimer gießen und umrühren.

3 Ist das Wasser ganz abgekühlt, die Ale-Hefe dazugeben, den Eimer mit einem Küchentuch abdecken oder locker mit dem Deckel verschließen und zum Vergären an einen warmen Ort stellen.

4. Die Mischung 3–4 Tage gären lassen, dann durch ein Passiertuch in Limo- oder Colaflaschen aus Plastik füllen.

5. Die Deckel fest zuschrauben und den Inhalt weitere 4–5 Tage gären lassen. Ab und zu die Deckel kurz lösen und wieder schließen, damit Gas entweichen kann. Geschieht das nicht, können Flaschen platzen, worauf klebrige Flüssigkeit die Wände herabrinnt. Nicht so schön ...

6. Bedenken Sie, dass Ihr fruchtiges Gebräu in der Flasche weitergärt und mit der Zeit einen trockeneren Geschmack (und einen höheren Alkoholgehalt) entwickelt.

RICH RÄT:
EXTRA VIEL GESCHMACK

Ist der Geschmack zu laff, nehmen Sie einfach zwei Dosen Obst. Oder mischen Sie verschiedene Sorten zu einem „Obstsalat".

WUSSTEN SIE EIGENTLICH ...

... dass Dosennahrung in den 1790er-Jahren von Nicolas Appert erfunden wurde? Er gewann damit eine Ausschreibung des französischen Mini-Kaisers Napoleon, der eine Möglichkeit suchte, Nahrung für die langen Plünderungsfahrten seiner Kriegsflotte zu konservieren.

Zubereitungszeit: 20 Minuten | **Gärzeit:** 3 Tage

SPRUDELNDER EISTEE

Eistee geht auf einen „Punsch" mit kaltem Tee zurück, der im 19. Jahrhundert bei rauschenden Festen der High Society gereicht wurde. Solche auf grünem Tee basierenden Getränke waren zum Vergnügen der Oberschicht stark alkoholisch und oft sogar ein zu Kopf steigendes Gemisch verschiedener Spirituosen. Unsere zahme moussierende Version hingegen ähnelt mehr dem heutigen alkoholfreien Eistee und enthält Alkohol eher als „kleines" Extra. Wir schauen natürlich diskret zur Seite, wenn Sie es mit stärkerem Stoff aufpeppen möchten.

Saft und Schale von 2 ungewachsten Zitronen
7 Beutel kräftiger schwarzer Tee
200 g weißer Zucker
1 TL Ale-Hefe
Eiswürfel und Zitronenscheiben zum Servieren
Minzblätter als Dekoration (nach Geschmack)

1. Einen großen Topf mit 2 l Wasser füllen, die Zitronenschale hineingeben und das Wasser zum Kochen bringen.
2. Wenn es sprudelt, die Teebeutel hineinlegen, den Zucker einrühren und den Topf vom Herd nehmen.
3. Den Tee mindestens 5 Minuten ziehen lassen, damit er schön kräftig wird. Die Teebeutel ausdrücken, herausnehmen und den Tee abkühlen lassen.
4. Mithilfe eines Trichters den Tee durch ein Passiertuch in eine 2-Liter-Limo- oder Colaflasche aus Plastik füllen.
5. Den Zitronensaft und die Hefe zugeben, den Deckel schließen und die Flasche schütteln.
6. Geduldig 3 Tage abwarten und währenddessen gelegentlich den Deckel lösen und wieder zuschrauben, damit sich der in der Flasche aufgestaute Druck entladen kann.
7. Eine Stunde vor dem Servieren die Flasche in den Kühlschrank stellen.

SERVIERVORSCHLAG

Auf Eis mit einer Zitronenscheibe und nach Geschmack mit Minzblättern garniert servieren.

NOTIZ AM RANDE: BESITZERGREIFENDE MINZE

Minze kommt in einigen unserer Rezepte vor, und es gibt sie in ganz ungewöhnlichen Varianten: Ananas-, Ingwer- oder Apfelminze (unsere Lieblingssorte) und sogar Schokominze. Sie lässt sich überdies leicht ziehen. Sperren Sie sie aber lieber in einen Topf, sonst macht sie sich nach und nach im ganzen Garten breit.

Zubereitungszeit: 20 Minuten | **Gärzeit:** 5–7 Tage | **Reifezeit:** 1 Woche

HOLUNDERSEKT

Ein blühender Holunderbusch ist ein prachtvoller Anblick. Seine duftenden Blüten erstrahlen im späten Frühjahr in Hecken und Gebüsch und künden mit ihren breiten weißen Dolden vom baldigen Beginn des Sommers mit seinen sonnigen Tagen (oft im Gegensatz zu dem vertrauten Steingrau, das sich zu dieser Zeit noch am Himmel zeigt). Pflücken Sie frische Blüten, und stecken Sie sie mit vollen Händen in dieses klassische Blütensammler-Getränk mit dem frischen Zisch. So holen Sie sich die Sonne ins Glas – selbst wenn das Wetter draußen nicht mitspielt.

10 handgroße Holunderblütendolden (am Vormittag pflücken, damit die Blüten schön frisch sind, und gut ausschütteln, damit alle Insekten herausfallen)
600 g weißer Zucker
2 EL Apfelessig
Saft von 2 ungewachsten Zitronen
Champagner- oder Weißweinhefe

1. Die Stängel der Holunderdolden soweit wie möglich entfernen, da sie unerwünschte Bitterstoffe in das Getränk bringen können.

2. Anschließend 2 l Wasser zum Kochen bringen, in einen sterilisierten Eimer gießen und den Zucker dazugeben. Umrühren, damit er sich auflöst.

3. Zu der Mischung 2 l kühles abgekochtes Wasser, den Zitronensaft, den Apfelessig und die Holunderblüten geben und vorsichtig umrühren.

4. Ist die Mischung abgekühlt, ½ TL Champagner- oder Weißweinhefe dazugeben. (Diesen Schritt können Sie auch weglassen, wenn Sie möchten, weil die natürlichen Hefen auf den Blüten den Gärvorgang nach 2 Tagen in Gang bringen – wir gehen allerdings lieber auf Nummer sicher.)

5. Den Eimer mit einem Küchenhandtuch oder etwas Ähnlichem bedecken und 5–7 Tage stehen lassen, dann das Gemisch durch ein Abseihtuch filtern und in zwei Limo- oder Colaflaschen à 2 l füllen.

6. Vor dem Trinken ca. 1 Woche reifen lassen, aber ab und zu daran denken, den Deckel zu lösen und wieder festzudrehen, damit entstandenes Gas entweichen kann und die Flaschen nicht platzen.

NOTIZ AM RANDE: ECHTER HOLUNDER

Werfen Sie Holunder nicht mit Wiesenkerbel in einen Topf! Der Holunder ist ein relativ hoch wachsender verholzender Strauch, der im Frühjahr blüht, während Wiesenkerbel am Boden (eben auf Wiesenhöhe) gedeiht. Wenn Sie Kerbelblüten verarbeiten, entsteht ein eher bitteres Gesöff.

BLÜTEN

Wir gestatten immer mehr blühenden Pflanzen (auch Unkräutern), in bestimmten Ecken unserer Gärten und im Schrebergarten Wurzeln zu schlagen, wo sonst Gemüsesorten ihren Platz hatten. Blütenpflanzen machen den Garten nicht nur bunter und liefern Nektar für die Bienen – die Sorten, die wir ziehen, können auch in Getränken verarbeitet werden.

BLÜTEN AUFSPÜREN

Es gibt Hunderte essbarer Blumenarten, die daher auch für die Zubereitung von Getränken in Frage kommen. (Viele andere hingegen sind giftig. Seien Sie sich also immer sicher, dass Sie wirklich Bescheid wissen, welche Arten man verarbeiten darf.) Viele Arten werden verbreitet in Gärten und Rabatten angepflanzt, doch ein großer Teil – darunter sogenannte Unkräuter wie etwa Löwenzahn – sprießen überall in der Natur reichlich und warten nur darauf, zur rechten Zeit gepflückt zu werden. Falls Sie nicht gerade der geborene Gärtner oder Sammler sind, ist eine gute Auswahl getrockneter Blüten für Hausbrauer erhältlich. Holunderblüten und Rosenblätter werden von einer immer größeren Zahl von Spezialhändlern für Hausbrauer angeboten, während man etwa Heidekraut, Lavendel oder Kornblumen eventuell in der Gärtnerei oder der Apotheke bekommt. Vielleicht überrascht es Sie ja, dass man einige Blütenzutaten sogar im Supermarkt findet – manche speziellen Teesorten, etwa Kamillentee – bestehen aus getrockneten Blütenblättern. Sehr praktisch für uns Hausbrauer.

BLÜTEN VERWENDEN

Blüten haben für unsere Rezepte zwei einleuchtende Vorteile. Erstens können Sie ungewöhnliche und einzigartige Aromen beisteuern – denken Sie nur an Lavendel: Dieses Aroma gibt es kein zweites Mal. So sind Sie die ideale Grundlage für duftende Fruchtweine, und manchmal können Blütenblätter noch in winzigster Menge aus einem aufgesetzten Getränk etwas ganz Neues machen. Zweitens können ihre Aromen einen zuvor nichtssagenden Fruchtwein verbessern oder das komplexe Bouquet eines gutgemachten Schnapses ergänzen. Bis auf wenige Ausnahmen kann man alle Getränke durch Blüten bereichern: vom malzigen Bier, das anstelle des Hopfens mit Heide angereichert wird, bis zum klassischen Cocktail, der durch die floralen Aromen eines hausgemachten Wermuts gewinnt. Und da die Liste der essbaren Blüten so lang ist, gibt es in Ihrem Garten und Ihrem Hausbrauerschuppen zahllose Möglichkeiten für Flower-Power-Experimente.

BELIEBTE BLÜTEN

UNSERE TOP TEN

Holunderblüte: Dieser Klassiker aus der Hecke kommt in allen möglichen Fruchtweinen, Schnäpsen und Cidersorten zum Einsatz.

Rose: Verleiht einer Vielfalt von Getränken ein unverkennbares edles Bouquet.

Kamille: Trobieren Sie dieses beruhigende Aroma einmal in einem Fruchtwein oder einem Aufgesetzten.

Löwenzahn: Die hellgelben Blüten verleihen Fruchtweinen subtile Bitternoten.

Lavendel: In kleinen Mengen aufgesetzten Getränken zugegeben, entfaltet er seinen einzigartigen Duft und seinen Geschmack.

Heide: Ein traditionelles Bieraroma in Schottland.

Veilchen: Der Duft seiner Blütenblätter dürfte Fans der Süßigkeit „Parma Violets" vertraut sein.

Kornblume: Sie haben zwar nur einen ganz zarten Geschmack, aber legt man die Blüten in Alkohol ein, verleihen sie ihm eine lebhafte blaue Farbe.

Borretsch (siehe Abb.): Geben Sie einmal eine ganze Blüte in Ihren nächsten Cocktail, dann wird er auf ganz natürliche Weise gefärbt.

Hopfen: Ja – auch er ist eine Blüte! Mehr dazu erfahren Sie auf S. 81.

Zubereitungszeit: 30 Minuten | **Gärzeit:** 5–7 Tage | **Reifezeit:** 4 Tage

LAVENDELSEKT

Das Aroma von Lavendel hat lange nur wenig Aufmerksamkeit erfahren. Erst in jüngerer Zeit sind einige Köche und Lebensmittelproduzenten auf den Geschmack gekommen. Wenn Sie Glück haben, stoßen Sie auf sanfte Lavendelnoten in Eiscreme-Sorten, entdecken sein zartes Aroma in einer Tagine oder schmecken ihn sogar in Marinaden für gebratenes Lamm oder Rind heraus. Der kräftige ungewöhnliche Geschmack des Lavendels ist zwar nicht jedermanns Sache, aber probieren Sie dieses Rezept doch einmal als Alternative für Champagner bei einem Empfang. Sie werden schon bald viele bekehrt haben.

35 Lavendeldolden
1 Handvoll Sultaninen, grob gehackt
600 g weißer Zucker
2 EL Apfel- oder Weißweinessig
Saft und Schale von 1 ungewachsten Zitrone
Weißwein- oder Champagner-Hefe

1. Ernten Sie den Lavendel am besten, ehe sich die Blüten ganz geöffnet haben, denn dann sind ihre Duftöle am stärksten konzentriert. Schreiten Sie möglichst bei trockenem Wetter zur Tat. Die Blüten von den Stängeln zwicken, Insekten herausschütteln und die Blüten in einen sauberen, sterilisierten Gäreimer geben.

2. Die Sultaninen verleihen dem Getränk einen etwas körperreicheren Geschmack. Geben Sie sie zusammen mit Zitronensaft und -Schale (ohne weiße Innenhaut), dem Zucker und dem Essig in den Eimer.

3. 4½ l kochendes Wasser dazugießen, den Zucker durch Umrühren auflösen, den Eimer abdecken und zum Abkühlen beiseitestellen.

4. Ist das Gemisch ausreichend abgekühlt, die Hefe dazugeben. Den Eimer locker mit dem Deckel, einem Geschirrtuch oder Folie abdecken und 5–7 Tage zum Gären an einen warmen Ort stellen.

5. Die Mischung durch ein Sieb oder ein Passiertuch gießen und in Limo- oder Colaflaschen aus Plastik füllen. Täglich das entstandene Gas entweichen lassen, damit keine Flasche platzt.

6. Rund 4 Tage nach dem Abfüllen ist der kräftig süße Sekt genussfertig. Seine Eigenschaften verändern sich jedoch mit der Zeit. Er wird nach und nach trockener und weicher im Geschmack und wird am besten innerhalb von 3 Wochen aufgebraucht. Vor dem Servieren kalt stellen.

NOTIZ AM RANDE: DIE FRANZÖSISCHE VERWANDTSCHAFT

Aus den zahlreichen Vertretern der Lavendel-Familie wird in der Regel die Art *Lavandula angustifolia* zum Kochen verwendet. Ihr französischer Verwandter *Lavandula stoechas* – zu erkennen an seinen federartigen Spitzen – ist zwar auch essbar, zeichnet sich aber durch einen eher bitteren Geschmack aus. Wenn bei Ihnen eine der zahlreichen Hybrid-Lavendelarten wächst, riechen Sie dran. Riecht sie so gut, dass man davon auch trinken möchte, rein in den Gärbehälter!

Zubereitungszeit: 40 Minuten | **Gärzeit:** 5–6 Tage | **Reifezeit:** 10 Tage

LÖWENZAHNSEKT

Löwenzahn ist eines der Unkräuter, die man nur auf Dauer aus dem Garten bekommt, wenn man sie tief im Boden ausgräbt. Sobald der Frühling kommt, dreht er unerfahrenen Unkrautvertilgern eine lange Nase und zeigt trotzig allen seine strahlend gelben Blüten. Jetzt aber haben Sie eine Ausrede für Ihr Versagen beim Unkrautjäten. Für dieses leicht alkoholische Erfrischungsgetränk müssen Sie zum Spaten greifen, denn die ganze Pflanze – von der Wurzel bis zur Blüte – kommt zum Einsatz. Aber keine Sorge, wenn Sie Unkrautjäten zutiefst verabscheuen, und sei es im Dienst eines leckeren Gebräus: Bei diesem Rezept kommen Sie mit überraschend wenigen Pflanzen aus.

300 g junge Löwenzahnpflanzen, grob gehackt
2,5 cm Ingwerwurzel, geschält und gerieben
500 g weißer Zucker
Saft von 1 Zitrone
Saft von 1 Orange
Saft von 1 Grapefruit
Ale-Hefe

1. Den Löwenzahn sauberschrubben (1 Stunde in Wasser einweichen macht dieses Vorhaben einfacher) und grob zerteilen. Zusammen mit dem Ingwer in einen großen Topf geben und mit 560 ml Wasser bedecken.

2. Das Wasser zum Kochen bringen und 10–15 Minuten sanft köcheln lassen. Dann durch ein Sieb oder ein Passiertuch in einen Eimer geben.

3. Weitere 560 ml kochendes Wasser dazugießen. Den Zucker dazugeben und Zitronen-, Orangen- und Grapefruitsaft hineinpressen. Der Saft verleiht dem Sekt ein erfrischendes Aroma und ergänzt den Löwenzahngeschmack durch fruchtig-spritzige Noten.

4. Den Zucker durch Umrühren auflösen und das Gemisch abkühlen lassen, ehe die Hefe dazukommt. (Wir verwenden Ale-Hefe, aber auch mit Weinhefe funktioniert es wunderbar.)

5. Den Eimer locker mit dem Deckel oder einem Tuch abdecken und für 5–6 Tage zum Gären beiseitestellen.

6. Das perlende Gebräu in Flaschen füllen. Achten Sie darauf, dass sie sich für sprudelnde Getränke eignen – Plastikflaschen sind am besten – und lösen Sie vorsichtig jeden Tag kurz die Schraubverschlüsse, damit aufgestautes Gas entweichen kann.

7. Uns schmeckt dieses Getränk nach 10 Tagen Reifezeit am besten – davor können seine bitteren Noten etwas zu kräftig sein. Man genießt es am besten eiskalt.

NOTIZ AM RANDE: KÖNIG LÖWENZAHN

Für Hausbrauer ist Löwenzahn wahrscheinlich der König der Unkräuter. Neben dieser sprudelnden Delikatesse kann man auch leckeren Wein* aus seinen Blüten fabrizieren, und in Zeiten der Hopfenknappheit haben seine Blätter oft dem Bier zu seinen Bitternoten verholfen. Einige Brauereien haben solches Bier mit Löwenzahngeschmack so gut verkauft, dass sie es jedes Jahr wieder herstellen.

* *Nach alter Tradition müssen die Blüten für Löwenzahnwein am Georgstag (23. April) gepflückt werden. Aber halten Sie sich nicht zu streng an dieses Datum. Wenn die Sonne nicht scheint, blüht auch nichts.*

Zubereitungszeit: 20 Minuten | **Gärzeit:** 2 Tage | **Reifezeit:** 1–2 Tage

CHILI-INGWER-BIER

Dieser zum Fürchten feurige Genuss ist etwas für all jene, die auf die gaumenkitzelnden Freuden eines Ingwerbiers stehen, aber die Schärfe in noch schwindelerregendere Höhen treiben wollen. Wer es nicht ganz so toll treiben möchte, versetzt sein Gebräu vielleicht lieber mit einer milderen Chili-Variante, aber wir veredeln unser Ingwer-Bier ganz beherzt mit einer Scotch-Bonnet-Schote samt ihrer Samen. Geraten Sie nicht in Panik, wenn Ihr Mund beim ersten Schluck in Flammen aufgeht, denn das Brennen geht schnell vorbei und macht den wohligen Aromen des Ingwers Platz, die den lädierten Gaumen streicheln.

10 cm Ingwerwurzel, geschält und grob gehackt
Saft von 2 Zitronen
200 g weißer Zucker
1 Chilischote
Ale-Hefe

1. Den klein gehackten Ingwer in einen sterilisierten Eimer geben. Zitronensaft und Zucker dazugeben.
2. 2 l kochendes Wasser darübergießen und umrühren.
3. Jetzt kommt der spannende Teil mit der Chilischote. Wenn Sie maximale Schärfe anstreben, die Schote klein hacken und mit Samen, Stumpf und Stiel hinzugeben. Wir empfehlen jedoch, beim ersten Mal behutsam zu Werke zu gehen und die Samen vorher zu entfernen. Wagemutige können beim nächsten Mal die Schärfe weiter steigern.
4. Die Mixtur abkühlen lassen und dann die Hefe zugeben. Den Eimer mit einem Küchenhandtuch abdecken, dann das Feuerwasser 2 Tage gären lassen.
5. Das Bier durch ein Passiertuch in eine 2-Liter-Plastikflasche für Softdrinks füllen und den Deckel gut festschrauben.
6. Die Flasche 1–2 Tage stehen lassen und nicht vergessen, ab und zu das entstandene Gas durch kurzes Öffnen zu entlassen.
7. Vor dem Servieren die Flasche etwa 1 Stunde in den Kühlschrank stellen.

RICH RÄT:
FEUERLÖSCHER

Ist Ihr Ingwerbier zu scharf geraten? Braucht Ihr brennender Mund dringend Rettung? Wasser (und Alkohol) verbreiten das Capsaicin, das das Brennen auslöst, nur noch weiter im Mund. Linderung bringt ein Glas Milch. Auch eine gekühlte Salatgurke kauen hilft.

Zubereitungszeit: 30 Minuten | **Gärzeit:** 3 Tage | **Reifezeit:** 1 Woche

BRENNNESSELBIER

Wider Willen sind wir offenbar erfolgreich im Ziehen von Brennnesseln. Gegen dieses mehrjährige Kraut haben wir zwar ein paar Schlachten gewonnen, konnten aber nie genug Energie aufbringen, auch den Krieg für uns zu entscheiden. Doch des einen Unkraut ist des anderen Ernte, und immerhin sind Brennnesseln der Lieblings-Gratis-Snack aller Naturkost-Genießer. Während viele bei Rezepten für Brennnessel-Pasteten, -Pesto und -Pakoras zurückzucken, sticht uns ab und zu die Nessel …

900 g Brennnesselblätter
Schale und Saft von 2 ungewachsten Zitronen
450 g Demerara-Zucker
Ale- oder Brauhefe

1. Pflücken Sie junge Blätter vom oberen Ende der Brennnesseln (dicke Handschuhe sind praktisch) und schütteln Sie, so gut es geht, die Insekten ab.

2. Die Blätter waschen, die Zitronenschale dazugeben und 4½ l Wasser (oder so viel, wie noch in den Topf passt) angießen und zum Kochen bringen. An dieser Stelle fragen Sie sich wahrscheinlich, wofür Sie sich die ganze Arbeit machen, aber halten Sie durch und lassen Sie die Mischung sanft 10 Minuten köcheln.

3. Die Mixtur durch ein Sieb oder ein Passiertuch in einen Eimer zu dem Zucker, dem Zitronensaft und dem Wasser gießen, für das im Topf kein Platz mehr war. Umrühren, sodass der Zucker sich auflöst und den Eimer mit dem Deckel oder einem Tuch abdecken.

4. Sobald die Mischung auf Zimmertemperatur abgekühlt ist, die Hefe zugeben, den Eimer erneut schließen und den Inhalt 3 Tage bis zum Abfüllen gären lassen.

5. Das Bier vorsichtig auf Flaschen füllen. Da es weitergären wird, bitte dehnfähige Plastikflaschen verwenden und in regelmäßigen Abständen entstandenes Gas ablassen. Nach einer Woche in der Flasche ist es trinkfertig. Am besten schmeckt es nach einigen Wochen, doch wirklich lange hält es sich nicht.

SERVIERVORSCHLAG

Erwarten Sie bitte keinen wirklich bierähnlichen Geschmack, denn dann wären Sie enttäuscht. Am nächsten kommt das Brennnesselbier wohl einem erfrischend kühlen Lager – aber mit erdigen Noten und einem intensiv pikanten Aroma. Unser Lieblingsvergleich lautet: „Wie Ingwerbier, aber ohne die typische Ingwerschärfe". Es ist eine gute und günstige Ergänzung für ein sommerliches Grillfest und ergibt mit Limonade oder Sprudel eine leckere Schorle.

NOTIZ AM RANDE: ETWAS PIKANTER BITTE!

Brennnesseln wurden früher eingesetzt, um echtem Malz/Hopfen-Bier eine rauere Note zu verleihen. So mancher experimentierfreudige Braumeister verwendet sie bis heute. Wollen Sie wiederum unserem Rezept einen bitteren, bierähnlicheren Dreh geben, geben Sie beim Aufkochen etwas Hopfen dazu. Oder machen Sie es mit ein, zwei Teelöffeln klein gehacktem Ingwer etwas pikanter.

GRUNDLAGEN FÜR LIKÖRE

Liköre anzusetzen ist die einfachste Möglichkeit, die Früchte Ihres Gartens in ein alkoholisches Getränk zu verwandeln. Ganz grundlegend betrachtet, versehen Sie Alkohol mit Geschmack, süßen ihn mit Zucker … und warten ab. Nicht einmal den Alkohol müssen Sie selbst machen. Leider ist dieser Weg zum alkoholischen Getränk wegen der Ausgaben für die Ausgangsspirituosen wahrscheinlich der teuerste, doch das Ergebnis ist immer noch billiger als gekaufte Liköre, hält sich ewig und lässt sich prima verschenken.

Wie viele andere haben auch wir in einem ersten, stümperhaften Versuch, Lebensmittel mit Hochprozentigem zu verbinden, Schlehengin produziert – und bis heute setzen wir jedes Jahr neuen an und vergleichen den aktuellen Jahrgang mit den früheren. Wer regelmäßig Schlehengin ansetzt, weiß, dass die älteren Flaschen immer die besten sind – eine Regel, die auf die meisten unserer Rezepte zutrifft, denn wie bei edlem Whisky wird der Geschmack mit den Jahren weicher, auch wenn das Getränk in Glasflaschen statt in Eichenfässern lagert.

Vergleichen Sie hausgemachte Mixturen mit ähnlichen Getränken aus dem Laden, haben Ihre Varianten wahrscheinlich spielend die Nase vorn – denn Sie bekommen frischere Zutaten, verzichten auf billige Ergänzungsstoffe und können jedes Rezept leicht auf die Vorlieben Ihres Gaumens zuschneiden.

WICHTIGSTE AROMEN

Solange etwas essbar ist, stehen die Chancen gut, dass schon einmal jemand versucht hat, es in eine Flasche mit Alkohol zu stecken. Die Aromen von Obst, Gemüse, Blättern, Blüten, Nüssen und sogar von Speck wurden bereits (mit unterschiedlichem Erfolg) in Alkohol konserviert. Wir haben im Folgenden eine kleine Auswahl von Vorschlägen zusammengetragen, aber wenn Sie sich vom Likörvirus anstecken lassen, eröffnen sich Ihnen Millionen Möglichkeiten. Schließlich muss man kein Genie sein, um ein Brombeerlikör-Rezept auf Heidelbeeren anzupassen, um nur ein Beispiel zu nennen.

SPIRITUOSEN

Das Destillieren von Alkohol zu Hause ist bei den meisten vernünftigen Nationen verboten. Sie müssen also für die folgenden Rezepte Alkohol kaufen, weshalb wir immer von einer handelsüblichen 0,7-Liter-Flasche ausgehen. Wir testen unsere Geschmackskombinationen in der Regel anhand der halben Menge oder sogar bei nur einem Drittel. Wenn auch Sie in kleinerem oder größerem Stil Liköre ansetzen möchten, müssen Sie nur alle Zutatenmengen mithilfe der Grundrechenarten entsprechend anpassen.

Die hochprozentige Basiszutat, die Sie für Ihre Liköre und „Aufgesetzten" auswählen, wirkt sich in dreifacher Hinsicht auf Ihr Getränk aus:

1. Sie trägt ihr eigenes Aroma dazu bei.
2. Sie extrahiert Aromen aus den anderen Zutaten.
3. Sie macht betrunken.

Am häufigsten wird Wodka zum Ansetzen verwendet, weil er im Vergleich mit anderen erhältlichen Spirituosen am ehesten einen neutralen Geschmack hat, doch für unsere Rezepte können Sie den angegebenen Brand durch einen anderen Ihrer Wahl ersetzen – etwa durch Gin, Whisky, Rum, Weinbrand oder sogar das zweifelhafte Destillat, das Ihnen Ihre Nachbarn aus dem Skiurlaub mitgebracht haben. Je höher sein Alkoholgehalt, desto besser löst er die natürlichen Aromen der anderen Zutat. Die meisten erhältlichen Spirituosen bewegen sich in der Nähe der

NOTIZ AM RANDE: **STERILISIEREN**

Destillierter Alkohol sterilisiert zwar Flaschen und Gläser geradezu vorbildlich, doch sicher ist sicher. Bereiten Sie also Ihre Gefäße ebenso gründlich vor, wie sie es auch beim Einkochen von Marmeladen und Ähnlichem machen würden. Heißes Durchspülen in der Spülmaschine kann bereits reichen. Oder Sie spülen Ihre Gefäße per Hand mit heißem Wasser und trocknen sie mehrere Minuten bei etwa 140 °C im Ofen. Lassen Sie Gläser und Flaschen immer erst abkühlen, ehe Sie kühle Flüssigkeiten hineinfüllen.

40%-Marke. Wenn Sie stärkeren Stoff verwenden, verdünnen Sie den fertigen Likör am besten, damit er trinkbarer wird.

Manche Menschen sind der Ansicht, man solle nur die besten Spirituosen zum Aufsetzen verwenden. Wir halten es nicht für nötig, so viel zu investieren und greifen meistens bei den günstigeren Flaschen zu.

ZUCKER

Da wir ja bereits eine fertige alkoholische Grundlage eingekauft haben, muss natürlich kein Zucker mehr in Alkohol umgewandelt werden – Zucker wird nur noch zugegeben, um das fertige Getränk süßer zu machen.

Wann und wie er am besten dazukommt, ist der Gegenstand heftiger Debatten: Manche geben ihn gleich zu Anfang mit in die Mischung, während andere einen Zuckersirup herstellen, der vor dem Abfüllen hineinkommt.

Bei Fruchtlikören geben wir den Zucker in der Regel am Anfang dazu – es erscheint uns logisch, dass alle Zutaten möglichst lange gemeinsam reifen können. Bei Obstlikören bleiben überdies süße eingelegte Früchte zurück, mit denen man noch etwas anstellen kann, nachdem man das Getränk abgefüllt hat. (Vorschläge dazu finden Sie auf den einzelnen Rezeptseiten.) Manche Puristen sind der Meinung, dass die frühe Zugabe von Zucker die Fähigkeit des Alkohols, Geschmacksstoffe zu lösen, verringert, doch wir halten diesen Effekt für minimal.

Bei Zutaten allerdings, die gleich nach dem Durchziehen in die Tonne wandern (etwa Blüten und Blätter) oder bei Likören, die bei geringerem Alkoholgehalt leckerer sind, geben wir meistens den Zucker später hinzu. Zu diesem Zweck bereiten wir einen Sirup, indem wir Zucker in Wasser erhitzen, bis er sich aufgelöst hat. Wir lassen den Sirup abkühlen und geben ihn in unsere Mischung.

Normaler Streuzucker reicht zum Süßen völlig aus und löst sich innerhalb weniger Tage auf, wenn man gut umrührt oder schüttelt. Manchmal möchte man aber auch dunklere Zuckersorten oder Honig verwenden, weil sie andere Aromen beisteuern.

Wie viel Zucker Sie verwenden, hängt ganz davon ab, wie süß Ihr fertiges Tröpfchen werden soll. Da wir keine ausgeprägten Leckermäuler sind, sehen unsere Rezepte nur einen mittleren Zuckergehalt vor. Aber selbst wenn Sie Ihre Liköre eher einen Hauch süßer mögen, beginnen Sie besser mit einer relativ geringen Menge – man kann einen fertigen Likör viel leichter nachsüßen, als seine Süße zu reduzieren.

NOTIZ AM RANDE: WIE LANGE MUSS EIN „AUFGESETZTER" ZIEHEN?

Manche Zutaten geben ihre Aromen recht schnell an Alkohol ab, andere lassen sich Zeit. Als Grundregel gilt, dass zarte, feine Zutaten wie Blüten ihr ganzes Aroma innerhalb weniger Wochen abgeben, während sich bei Früchten eine Ziehzeit von 2–3 Monaten lohnt. Sogar, wenn sie bereits abgeseiht und in Flaschen gefüllt sind, reifen Getränke weiter und verbessern ihren Geschmack, vor allem solche, die dunkle Früchte mit kräftigen Tanninen enthalten. Wenn Sie Ihre Liköre früh genießen möchten, haben wir nichts dagegen einzuwenden, aber wir empfehlen, sie dann ein bisschen stärker zu süßen, damit ihr Mangel an Reife ausgeglichen wird.

Zubereitungszeit: 45 Minuten | **Ziehzeit:** 3 Monate

SCHLEHEN- (ODER BULLACE-) GIN

Was ist der Unterschied zwischen Schlehen und *bullaces**? Bei diesem Rezept spielt er keine Rolle – man kann beide verwenden, und immer kommt ein fantastischer Gin dabei heraus. Schlehengin gilt als bester Likör der Welt. Mit dieser einfachen Anleitung entsteht ein Getränk, das zwar nicht jedes Jahr genau gleich, aber immer bemerkenswert lecker schmeckt. Das klassische Rezept sollte jeder einmal ausprobieren, doch darüber hinaus haben wir ein paar Varianten mit faszinierenden Geschmackskombinationen ausgetüftelt ... egal, ob man Schlehen oder *bullaces* nimmt.

450 g Schlehen oder *bullaces*
220 g weißer Zucker
1 Flasche Gin (0,7 l)

1. Ernten Sie nur vollkommen reife Früchte. Sie sollten sich etwas eindrücken lassen und nicht steinhart sein.

2. Die Früchte gut waschen, dann die Haut hier und da einstechen, damit der Gin in das Fruchtfleisch dringen und den leckeren Saft freisetzen kann. Traditionsbewusste vertreiben sich die Zeit, indem sie diese Aufgabe mit sterilisierten Nadeln erledigen. Wir gehen lieber forsch mit der Gabel zu Werke. Sie können es sich aber auch bequem machen und die Schlehen über Nacht ins Gefrierfach legen. Beim Auftauen platzt die Haut dann auf.

3. Die angestochenen Schlehen mit dem Zucker und dem Gin in ein großes Einmachglas oder eine Flasche mit weitem Hals geben, das Gefäß sorgfältig schließen und gut schütteln.

4. An einen Ort ohne direktes Sonnenlicht stellen und dem Gin 3 Monate Zeit geben, sein Werk zu vollbringen. Während den ersten Wochen täglich schütteln, damit sich der Zucker völlig auflöst und den Gin anregt, den Schlehen ihr Aroma zu entlocken. Danach einmal pro Woche oder alle 2 Wochen schütteln.

5. Sind 3 Monate verstrichen (oder mehr, falls Sie das Glas vergessen haben), den Likör durch ein Sieb in sterilisierte Flaschen füllen. Die süßen Schlehen nicht wegwerfen – man kann sie in einer zweiten Runde für Schlehenwhisky verwenden (siehe S.119), mit Cider versetzen und einen Slider herstellen (siehe S.56) oder leckeren Schokolikör daraus produzieren.

6. Den Schlehengin auf jeden Fall gleich probieren. Mit zunehmendem Alter wird er allerdings immer besser.

NOTIZ AM RANDE: DAS GEWISSE ETWAS

Probieren Sie doch einmal etwas Neues aus, und geben Sie eine der folgenden Zutaten zu den Schlehen:

Pfefferkörner: Ein Dutzend Pfefferkörner pro 0,7-Liter-Flasche verleihen Ihrem Likör zusätzlich etwas belebende Schärfe für kalte Wintertage.

Grapefruit: Die Schale einer halben Grapefruit zu den Schlehen gegeben, sorgt für eine zitrusfruchtige Überraschung.

Kaffee: Im Baskenland fertigt man ein Getränk namens Patxaran, indem man Schlehen, Kaffeebohnen und Vanille in einem Anisschnaps einlegt. Die Sache mit dem Kaffee haben wir uns abgeguckt: Vier ganze Kaffeebohnen in Ihrem Schlehengin wirken Wunder und sorgen für ein üppiges Aroma.

* Bullaces *sind wie die Schlehen eng mit* damsons *verwandt. Sie sind etwas größer, süßer und eiförmiger als Schlehen und wachsen an Büschen ohne Dornen. Da sich beide Arten miteinander kreuzen, verwischen jedoch die Unterschiede – (vgl. Fußnote S. 22; Anm. d. Übers.)*

Zubereitungszeit: 5 Minuten | **Ziehzeit:** 3 Monate

SCHLEHENWHISKY

Schlehen sind ein Geschenk der Natur – mit bleibender Wirkung. Wenn Sie gerade Schlehengin gemacht haben, enthalten die zurückbleibenden Früchte noch immer genug Geschmack, um weitere Alkoholika zu aromatisieren. Rich ertränkt die verschrumpelten Schlehen gern in Cider und macht daraus einen gehaltvollen Slider (siehe S. 56), während Nick den Schlehengeist lieber mithilfe von Whisky lebendig hält. Sie können für diese zweiten Runde geistige Getränke jeder Art verwenden, doch wir meinen, dass die malzigen Aromen des Whiskys perfekt zu dem zarten Geschmack des Fruchtfleischs passen und die nussigen Essenzen der Kerne zur Geltung bringen. Anstelle der Schlehen können Sie auch Pflaumen auf eine zweite Runde schicken.

Früchte aus einem Schlehengin-Ansatz (ursprüngliches Gewicht: 450 g) von S. 118
220 g weißer Zucker
1 Flasche Whisky (0,7 l)

1. Die beim Abseihen aufgefangenen Früchte zurück in das Einmachglas geben. Sie müssen nicht vom Gin gereinigt werden – denn auch er trägt seinen Teil zum Geschmack bei.

2. Zucker und Whisky in das Glas geben. Bitte für dieses Rezept keinen edlen Single Malt Whisky verschwenden – ein einfacher Blend reicht völlig aus.

3. Den weiteren Schritten aus dem Rezept für Schlehengin folgen: Zuerst regelmäßig schütteln, damit sich der Zucker auflöst, und während der Ziehzeit nur ab und zu die Ruhe stören.

4. Der Whisky nimmt einen dunkelrosa Farbton an – anders als das tiefe Violett von Schlehengin – und ist nach etwa 3 Monaten bereit abgeseiht und bereit, in Flaschen gefüllt zu werden.

SERVIERVORSCHLAG

Dieser Likör darf gleich nach dem Abfüllen seine Reize entfalten und wird am besten pur genossen. Die weichen nussigen Aromen der Kerne bilden ein Gegengewicht zu den säuerlichen Noten aus dem Fruchtfleisch und werden durch einen angenehm süßlichen Eichengeschmack abgerundet. Er ist Nicks erste Wahl als Begleiter für deftige Sonntagsbraten und wirkt ebenso Wunder, wenn man am Ende eines langen Tages bei kleinen Schlückchen die Seele baumeln lässt.

NICKS TIPP: FÜR SCHOKOHOLIKER

Reicht Ihnen ein Aufgesetzter auf Schlehenbasis für Ihre Bar nicht, können Sie leckere Likörschokolade aus dem Gin-getränkten Obst machen. Einfach entsteinen, in geschmolzene Schokolade einrühren und alles im Kühlschrank wieder fest werden lassen.

Zubereitungszeit: 10 Minuten | **Ziehzeit:** 3 Monate

HIMBEER-THYMIAN-WHISKY

Wir lieben Himbeeren. Ihren fruchtig-säuerlichen Aromen steht nichts besser, als etwas zusätzliche Süße durch die Wirkung von Alkohol – und dafür belohnen sie uns mit einem umwerfend leckeren strahlend roten Likör. Interessanterweise haben sie auch eine Zuneigung zu Thymian, der die intensive Farbe der Himbeeren und die erdige Kraft des Whiskys durch eine feine Tiefe im Geschmack ergänzt. Unseren Likör veredeln wir mit einem bloßen Hauch Thymian und einer Winzigkeit Orangenschale, aber wenn Sie gerade Ihre Experimentierhose anhaben, können Sie die Kräuterdosis auch verdoppeln. Oder Sie bleiben ganz klassisch bei Himbeeren ohne jeden Schnickschnack.

Ca. 30 normalgroße Himbeeren ohne Macken
12 Zweige Thymian (je ca. 5 cm lang)
Schale von ½ Orange
180 g weißer Zucker
1 Flasche Whisky (0,7 l)

1. Die Himbeeren waschen und in ein großes Einmachglas geben.
2. Die Thymianzweige abspülen und mit ins Glas geben.
3. Die Orangenschale, den Zucker und den Whisky dazugeben. Ein teurer Single Malt Whisky muss es nicht sein; ein günstiger Blend tut es ebenso.
4. Den Deckel fest verschließen und das Glas gut schütteln. An einem kühlen, dunklen Ort durchziehen lassen. Bis der Zucker sich aufgelöst hat, das Glas täglich, danach nur alle paar Wochen schütteln. Danach ist es Zeit zum Abfüllen.
5. Nach 2 Monaten vorsichtig probieren. Da dieser Likör nicht so süß wie unsere meisten anderen ist, möchten Sie ihn vielleicht nach Ihrem Geschmack nachsüßen. Schütteln Sie das Glas dann wieder täglich, bis sich der zusätzliche Zucker aufgelöst hat.
6. Nach 3 Monaten Ziehzeit durch ein Sieb in saubere Flaschen abfüllen und gut verschließen. Der Whisky ist jetzt zwar trinkfertig, doch Likören mit säuerlichen Früchten und geringerem Zuckergehalt steht eine längere Reifezeit in der Regel gut. Versuchen Sie daher, zumindest einen Teil der Menge weitere 6 Monate oder länger aufzubewahren.

NOTIZ AM RANDE: WHISKY ODER WODKA?

Wir haben lange mit vielen Leuten diskutiert, ob Whisky oder Wodka besser zu Himbeeren passt. Da unsere schottischen Freunde behaupten, bei ihnen wüchsen die besten Himbeeren der Welt, haben wir uns hier für ihr Nationalgetränk entschieden. Wenn Sie auf einen reinen Himbeerlikör aus sind, nehmen Sie lieber Wodka und lassen Sie Thymian und Orange weg – dann können Sie mit Sekt einen fantastischen Himbeer-Bellini mixen.

Zubereitungszeit: 30 Minuten | **Ziehzeit**: 3 Monate

PFLAUMEN-FENCHEL-WODKA

Unter den vielen Pflanzen mit Anisgeschmack ist Fenchel unser Favorit. Man kann ihn leicht ziehen, mit seinen federartigen Blättern und gelben Blüten sieht er hübsch aus, und Knolle, Blätter und Samen sind essbar. In diesem Rezept haben wir uns für Fenchelsamen als *Sidekick* für die Pflaume mit ihrem wildfruchtigen Geschmack entschieden – sie betonen ihr typisches Aroma und verleihen dem Likör einen herrlich süßlichen Hauch Anis im Abgang.

450 g Pflaumen (***damsons****)
1 TL getrocknete Fenchelsamen
1 Flasche Wodka (0,7 l)
220 g weißer Zucker
6 schwarze Pfefferkörner

1. Wenn Sie nicht das Glück haben, dass in Ihrer Umgebung wilde Pflaumen wachsen, halten Sie im Herbst beim Gemüsehändler oder auf Bauernmärkten nach ihnen Ausschau. Suchen Sie sich die frischsten und reifsten Exemplare aus, die Sie bekommen können. Waschen Sie sie gründlich und durchstechen Sie ihre Haut mit ein paar beherzten Gabelstichen ins Fruchtfleisch. Oder überlassen Sie diese Aufgabe Ihrem Gefrierfach – das Einfrieren und Wiederauftauen lässt die Haut ebenfalls reißen.

2. Als nächstes müssen die Fenchelsamen dran glauben. Zerdrücken Sie sie leicht im Mörser.

3. Alle Zutaten in ein Einmachglas geben (die Pfefferkörner müssen nicht malträtiert werden) und das Glas mit einem dicht abschließenden Deckel verschließen.

4. Gründlich schütteln und an einen kühlen Ort ohne direktes Sonnenlicht stellen. 2 Wochen lang täglich schütteln und dabei überprüfen, ob der Zucker sich vollständig auflöst. Abermaliges gelegentliches Schütteln tut der Mischung beim Durchziehen gut.

5. Nach mindestens 3 Monaten Ziehzeit den Likör durch ein Sieb in Flaschen füllen. Wenn sie nicht gerade ein superfeines Sieb verwenden, schwimmen fast immer noch winzigste Pflaumenstückchen in dem tiefvioletten Getränk. Seihen Sie es daher noch ein zweites Mal langsam durch eine Kaffeefiltertüte ab.

SCHLEHEN ODER PFLAUMEN?

Für viele schlägt ein simpler Pflaumenwodka sogar Schlehengin. Er hat die gleichen kräftigen Pflaumenaromen, schmeckt dabei aber viel milder. Wenn Sie es selbst ausprobieren wollen, lassen Sie bei diesem Rezept einfach den Fenchel weg.

* *vgl. Fußnote auf S. 22*

Zubereitungszeit: 30 Minuten | **Ziehzeit:** 3 Monate

WILDER WEINBRAND

Wenn Sie guten Portwein mögen, sich aber nach etwas Dunklerem, Stärkerem und Intensiverem sehnen, dann ist ein einfacher Aufgesetzter aus Brombeeren und Weinbrand sicher etwas für Sie. Und wenn es noch etwas intensiver sein darf, werden Sie bei diesem Likör vor Begeisterung jubeln. Während die runden, samtigen Aromen der Brombeeren Ihre Geschmacksknospen verführen, trifft Sie ein satt-säuerlicher Schuss leckere Holunderbeere. Verglichen mit unserem wilden Weinbrandlikör ist Portwein was für Schwächlinge.

300 g Brombeeren
200 g Holunderbeeren
220 g weißer Zucker
1 Flasche Weinbrand (0,7 l)

1. Pflücken Sie die dicksten, reifsten und saftigsten Beeren, die Sie finden können. Die Brombeeren können Sie einfach waschen und in ein großes Einmachglas geben, aber die Holunderbeeren müssen Sie von ihren Stängeln befreien, ehe sie dazukommen dürfen. Da die Beeren einer Dolde oft zu unterschiedlichen Zeiten reifen, entfernen Sie am besten zuerst die unreifen, grünen und die alten, verschrumpelten. Am leichtesten bekommen Sie die reifen Beeren mit den Fingern von den Stängeln, doch wenn Ihre Hände danach nicht aussehen sollen, als kämen Sie vom Filmset für ***Sweeney Todd,*** lösen Sie sie vielleicht besser mit einer Gabel.

2. Zucker und Weinbrand zu den Beeren ins Glas geben, den Deckel fest schließen und das Glas gut schütteln.

3. Damit die satte dunkle Farbe Ihres Getränks erhalten bleibt, das Glas an einen kühlen, dunklen Ort stellen. Einmal täglich schütteln, bis der Zucker sich ganz aufgelöst hat, und während der restlichen Ziehzeit nur noch alle ein, zwei Wochen schütteln.

4. Diese Mischung verträgt keine Hast, also versuchen Sie, sich 3 Monate in Geduld zu üben, ehe Sie sie abfüllen. Den Likör durch ein feines Sieb oder feinen Stoff gießen und dabei die Beeren sanft auspressen, damit auch die letzten leckeren Tropfen aufgefangen werden – aber nicht zu grob sein, sonst entsteht ein Gesudel. Wahrscheinlich schweben in der Flasche noch feinste Fruchtpartikel, aber da der Likör so dunkel ist, fallen sie kaum auf. Wollen Sie sie loswerden, seihen Sie den Likör erneut durch eine Kaffeefiltertüte ab.

5. Unser Wilder Weinbrand profitiert mehr als andere Liköre von der Reifezeit in der Flasche. Es lohnt sich also, geduldig zu sein, um den Aromen Zeit zur Abrundung zu lassen. Haben Sie vor, ihn gleich nach dem Abfüllen zu genießen, geben Sie vielleicht ein bisschen mehr Zucker dazu, damit er ausgewogener schmeckt.

ZAHME BROMBEEREN

Man kann heute spezielle Züchtungen kaufen, die für Gärten gedacht sind. Diese Brombeersträucher haben keine Dornen und versprechen häufig auch größere Beeren.

BEEREN

Indem sie ihre prachtvollen Farben zur Schau stellen, zielen Beeren auf die Aufmerksamkeit hungriger – und durstiger – Passanten. Egal ob es sich um süße, saftige Leckerbissen im Supermarkt handelt oder ungewöhnliche, bittere Früchte der Wildnis: Wenn sie essbar sind, finden wir einen Weg, ein hochprozentiges Tröpfchen daraus zu machen. Frische Früchtchen zu kaufen kann oft teuer sein, doch gegen günstigere aus dem Gefrierregal ist nichts einzuwenden. Aber am meisten lohnt doch die eigene Ernte im Garten oder in der Natur.

BEEREN ANBAUEN

Eine Vielfalt verschiedener beerentragender Sträucher lässt sich leicht im Garten anpflanzen. Die meisten brauchen nur wenig Platz und geringe Pflege, damit sie gedeihen. Für Anfänger eignen sich schwarze Johannisbeeren und Stachelbeeren. Die Sträucher werden im Topf oder während der kalten Jahreszeit als bloße Wurzeln angeboten. Man muss den Strauch nur in ein frisch gegrabenes Loch setzen, die Wurzeln mit Erde bedecken (vorzugsweise mit ein bisschen Kompost oder Dung versetzt), gründlich angießen ... und abzuwarten. Je nachdem, wie viel Vertrauen Sie der Natur entgegenbringen, schützen Sie Ihre Ernte vielleicht besser vor gierigen Vögeln, bis sie reif ist. Die meisten Beeren aus dem eigenen Garten lassen sich sehr gut einfrieren, also stecken Sie überschüssige Erträge doch einfach ins Gefrierfach und kombinieren sie später im Jahr mit anderen Früchten zu einem hochprozentigen Beerenmix.

BEEREN SAMMELN

Zahlreiche wilde Beerensorten lassen sich zu Getränken verarbeiten, und eine ganze Reihe unserer Rezepte haben wir ausgewählt, weil sie auf unseren heimischen Beeren fußen – besonders reiche Vorkommen gibt es bei Holunder, Brombeeren und Schlehen, und wir kennen sogar ein verstecktes Eckchen, wo wilde Himbeeren wachsen. Wenn Sie noch andere Sammelmöglichkeiten kennen, denken Sie sich etwas aus und tauschen die Beeren in unseren Rezepten gegen Sorten, die Sie selbst ernten können. Aber seien Sie sich immer ganz sicher, was Sie da pflücken, damit Sie nichts Giftiges zu sich nehmen! Und achten Sie außerdem darauf, dass noch genug für Wildtiere übrigbleibt.

BEERENGLÜCK

FÜNF UNGEWÖHNLICHE BEEREN FÜR LIKÖR-EXPERIMENTE

Japanische Weinbeere: *(Rubus phoenicolasius)* Diese Frucht mit dem sprechenden Namen ist Nordamerikanern weit vertrauter als uns. Ihr Aussehen und Geschmack erinnern an Himbeeren.

Blaue Heckenkirsche: *(Lonicera caerulea)* Mit den Kirschen ist sie gar nicht verwandt, aber mit dem Geißblatt. Ihre Früchte sehen auch eher wie langgezogene Blaubeeren aus und schmecken so ähnlich.

Jostabeere: *(Ribes × nidigrolaria)* Botanik-Nerds hantieren gern mit Beeren und züchten neue Arten. Die Jostabeere ist so eine: eine Kreuzung aus schwarzer Johannisbeere und Stachelbeere.

Vogelbeere (siehe. Abb.): *(Sorbus aucuparia)* Die bitteren Früchte der Eberesche können in Bieren und Aufgesetzten Verwendung finden. Die wildwachsenden Sträucher tragen Beeren in Massen.

Sanddorn: *(Hippophae rhamnoides)* Im Garten und in freier Natur bringt dieser Strauch hellorangefarbene Beeren in Hülle und Fülle hervor – doch sie sind durch Dornen gut geschützt. Ihr Geschmack ist sauer-fruchtig.

Zubereitungszeit: 40 Minuten | **Ziehzeit:** 2–3 Monate

CRÈME DE CASSIS & KIR ROYAL

Dralle reife schwarze Johannisbeeren sind eine wahre Köstlichkeit. Wenn welche in Ihrem Garten wachsen, haben sie es verdient, dass jemand kommt und ihre fruchtig-spritzigen Aromen in Alkohol konserviert. Und wenn Ihnen das noch nicht gut genug ist, kann man aus dem so entstandenen Likör einer der simpelsten und dabei köstlichsten Cocktails mixen: Kir Royal. Aus Champagner und Crème de Cassis wird so ein Luxus-Johannisbeergetränk – mit Bläschen und Alkohol. Los geht's mit den Beeren ...

FÜR DIE CRÈME DE CASSIS
700 g schwarze Johannisbeeren
350 ml Wodka
350 ml Weinbrand
10 Blätter vom Johannisbeerstrauch
420 g weißer Zucker

FÜR DEN KIR ROYAL
Crème de Cassis
Champagner

1. Die Johannisbeeren ernten, wenn sie am reifsten sind. Letzte Stängelreste und das Gefizzel am anderen Ende entfernen und die Früchte mit Wasser abspülen. Auch gefrorene Beeren kann man verwenden.

2. Die Beeren mit einer Gabel oder einem Messer zerdrücken. Das muss kein Gemetzel werden, aber wenn die Haut der Beeren hier und da aufplatzt, bringt das schon was.

3. Die Johannisbeeren samt Wodka, Weinbrand und Blättern in ein großes Einmachglas geben. Keine Sorge, wenn Sie keine frischen Blätter ergattern können. Sie tragen lediglich eine weitere leckere Johannisbeer-Note zum Gesamtgeschmack bei. Beiseitestellen und 2–3 Monate ziehen lassen.

4. Die Mischung durch ein Passiertuch oder ein feines Sieb gießen und beiseitestellen. Die Blätter entsorgen.

5. Die Beeren mit einem geeigneten Elektrogerät zu Mus zerschreddern.

6. Den Zucker mit 200 ml Wasser in einen Topf geben und erhitzen, damit sich der Zucker auflöst.

7. Den Johannisbeerbrei in das warme Zuckerwasser geben und 5 Minuten sanft sieden lassen.

8. Mit der Rückseite eines Löffels das Gemisch durch ein feines Sieb streichen, sodass das trockene Fruchtfleisch zurückbleibt. Den so gewonnenen Saft mit dem zuvor beiseitegestellten Alkohol mischen und in sterilisierte Flaschen füllen.

WIE MACHT MAN KIR ROYAL?

Einen Schuss Crème de Cassis (ca. 20 ml oder 1 EL) in ein Champagnerglas gebe und vorsichtig mit Champagner auffüllen. (Man kann auch jeden anderen Schaumwein nehmen, aber streng genommen wäre das dann ein *Kir Pétillant*). Sanft umrühren. Trinken.

NOTIZ AM RANDE:
NOCH MEHR KIR

Kir Wird die Crème de Cassis mit trockenem Weißwein gemischt, entfällt der Titel „Royal".

Kir Normand Bei diesem Cocktail liefert französischer Cidre aus der Normandie das Bitzeln (und wenn wir unseren Cider nehmen, nennen wir das Ganze „Kir Scrumpy").

Holunder-Kir Hier wird der Champagner durch Holundersekt ersetzt.

Kir Impérial In diesem Cocktail fliegt die Crème de Cassis raus, und an ihre Stelle tritt Himbeerlikör (den finden Sie in diesem Buch auf S. 120)

Machen Sie daraus einen Rhabarber-Custard-Cocktail – den „Custard“ finden Sie auf S. 170.

Zubereitungszeit: 15 Minuten | **Ziehzeit:** 2 Monate

RHABARBER-VANILLE-LIKÖR

Frisch gekochten Rhabarber kann man sich kaum leckerer vorstellen als mit einem Klecks süßem, cremigem Custard. Dieser Nachtisch ist ein solcher Klassiker, dass es sogar Süßigkeiten* in dieser Geschmacksrichtung und eine amüsante englische TV-Serie gleichen Namens gibt. Wir fanden, dass es Zeit ist, daraus ein hochprozentiges Getränk zu machen. Unser Rezept für Eggnog (die „Custard“-Komponente) finden Sie auf S. 170, aber natürlich können Sie diesen süßen Likör auch separat genießen. Und wenn Ihnen das reine Rhabarberaroma am allerliebsten ist, lassen Sie einfach Vanille und Orange weg.

2 längere oder 4 kürzere Rhabarberstangen (ca. 250 g), in kleine Stücke geschnitten
220 g weißer Zucker
1 Vanilleschote, seitlich aufgeschnitten, um das Mark freizulegen
Schale von ½ Orange
1 Flasche Wodka (0,7 l)

1. Die Rhabarberstückchen mit dem Zucker in ein großes Einmachglas geben und 24 Stunden ziehen lassen.

2. Jetzt, da der Zucker sich ans Werk gemacht hat, dem Rhabarber seinen Saft zu entziehen, können Sie Orange und Vanille hinzugeben und alles mit Wodka bedecken.

3. Das Glas schütteln, damit sich der Zucker auflöst, und an einen kalten Ort ohne direktes Sonnenlicht stellen. Wahrscheinlich müssen Sie es in den ersten Tagen immer wieder schütteln, damit wirklich der ganze Zucker aufgelöst ist.

4. Im Idealfall reift der Likör rund 2 Monate, ehe er in Flaschen gefüllt wird, wo sich sein Geschmack mit der Zeit weiter abrundet und verbessert.

SERVIERVORSCHLAG

Einen perfekten Rhabarber-Custard-Likör bekommen Sie, wenn Sie diesen Tropfen im Verhältnis 3:1 mit Eggnog mischen (3 Schuss Eggnog/1 Schuss Rhabarber-Vanille). Oder Sie geben einen Schuss Likör in echten Custard und verfeinern damit Ihren Nachtisch.

** Einige Fans selbst gemachter Liköre lösen sogar Süßigkeiten in Alkohol auf. Wir haben noch nicht probiert, Rhabarber-Custard-Bonbons in Wodka einzulegen, aber wir sind sicher, dass das Ergebnis unserem natürlicheren Ansatz nicht das Wasser reichen könnte.*

Zubereitungszeit: 10 Minuten | **Ziehzeit:** 1 Monat

ORANGENWHISKY À LA JULIA

Nicks Mutter Julia hat jahrelang regelmäßig einen feinen Orangenlikör angesetzt und zu besonderen Anlässen Freunde und Familie damit bedacht. Glücklicherweise konnten wir ihr das Rezept entringen. Die ursprüngliche Fassung – offenbar aus einer uralten Ausgabe der Zeitschrift *Good Housekeeping* – hat sie über die Jahre abgewandelt und schließlich perfektioniert. Außerdem hat sie uns mit unschätzbaren Tipps für Orangenwhisky weitergeholfen.

Saft und Schale von 2½ großen süßen Orangen
120 g goldgelber Streuzucker
1 Zimtstange
1 Sternanis
1 Flasche Whisky (0,7 l)

1. Die Orangenschale in ein sterilisiertes großes Einmachglas legen.
2. Orangensaft, Zucker, Zimt und Sternanis dazugeben.
3. Mit Whisky bedecken und das Glas fest verschließen. Gründlich schütteln und an einen kühlen, dunklen Ort stellen.
4. An den folgenden Tagen das Glas immer wieder schütteln, bis sich der Zucker ganz gelöst hat, und den Inhalt 1 Monat ziehen lassen. Hin und wieder erneut schütteln.
5. Den Whisky durch ein Passiertuch oder einen Filtrierbeutel gießen und in Flaschen füllen. Wenn Ihr Likör noch klarer sein soll, filtrieren Sie ihn ein zweites Mal gründlich durch eine Kaffeefiltertüte, damit auch die winzigsten Orangenreste entfernt werden.

SERVIERVORSCHLAG

Schon pur schmeckt dieses Orangen-Tröpfchen ganz vorzüglich. Darüber hinaus kann es im Cocktail oder Punsch an die Stelle berühmter Fruchtliköre wie Triple Sec und Curaçao treten. Man kann sogar seinen Kakao mit einem Schuss verfeinern und dann eine extraordinäre heiße Orangenschokolade genießen.

JULIAS TIPP:

Eine beliebige süße Sorte tut es zwar auch, aber Nicks Mum verwendet für ihren Likör am liebsten Navelorangen*. Die Orangen zuerst in warmem Wasser abwaschen. Dabei entfernt man nicht nur den glänzenden Wachsüberzug, sondern weicht sie auch etwas auf, wodurch sie sich leichter auspressen lassen.

** So genannt, weil die Orange so aussieht, als hätte sie einen Nabel. Dabei handelt es sich um eine zweite kleinere Frucht, die aufgrund einer Genmutation in der großen wächst.*

Zubereitungszeit: 20 Minuten | **Ziehzeit:** 2–6 Wochen

LIMONCELLO

Viele Jahre war Limoncello das bestgehütete alkoholische Geheimnis Italiens, doch in jüngerer Zeit hat auch der Rest der Welt eine Zuneigung zu diesem zitronigen Likör entwickelt. Traditionsbewusste Italiener verwenden nur ganz bestimmte Zutaten*, doch für uns führen viele Wege zu diesem delikaten Digestif. Mit unserer einfach nachvollziehbare Anleitung können Sie einen reinen süßen Limoncello zubereiten, oder ihm etwas säuerlichen Biss verleihen. Sie können sogar zwischen einer klaren und einer trüben Variante wählen.

Saft und Schale von 5 ungewachsten Zitronen
1 Flasche Wodka (0,7 l)
200 g weißer Zucker

1. Die Zitronenschale mit dem Wodka in ein großes Einmachglas geben.

2. Es entspricht zwar nicht ganz der Tradition, aber wir mögen unseren Limoncello mit einer sauren Note. Das erreichen Sie, indem Sie den Saft der Zitronen mit in die Mischung geben – je mehr, desto saurer wird er. Wenn Sie sich unsicher sind, teilen Sie doch einfach die Menge und probieren Sie beide Varianten aus.

3. Das Glas fest verschließen und für 2 Wochen zum Durchziehen beiseitestellen.

4. Nach dieser ersten Ziehzeit wird das Getränk mit einem einfachen Zuckersirup gesüßt. Den Zucker mit 160 ml Wasser in einen Topf geben und vorsichtig erhitzen, bis sich der Zucker auflöst. Soll der Limoncello klar bleiben, den Sirup abkühlen lassen, ehe Sie ihn zu der Zitronen-Wodka-Mischung geben. Ein trüber Likör entsteht, wenn Sie den Sirup noch warm dazugießen.

5. Wenn Sie schon ganz begierig auf Ihre Zitrusköstlichkeit sind, können Sie den Limoncello auch sofort nach dem Zugeben des Sirups abseihen und abfüllen, doch wir raten Ihnen, sich noch 4 Wochen in Geduld zu üben. Selbst wenn Sie ihn durch ein feinmaschiges Sieb gegossen haben, dürften noch viele Zitronenstückchen im Likör schwimmen – bei einem zweiten, langsamen Abseihen durch eine Kaffeefiltertüte kann man sie entfernen.

SERVIERVORSCHLAG

Limoncello genießt man am besten eiskalt und pur als Verdauungsschnaps. Legen Sie Ihre Flasche also am besten ins Gefrierfach. Er macht sich auch gut als frischer Zitruskick in Cocktails und Obstbowlen, über Eiscreme geträufelt oder in jedem zitronigen Nachtisch.

NICKS TIPP:
Keine Panik, wenn Sie keine Zitronen ohne glänzenden Wachsüberzug finden! Man kann sie ganz leicht unter heißem Wasser sauberschrubben.

** Die Zitronen für die italienische Limoncello-Produktion stammen aus Sorrent. Diese Früchte sind so hoch geschätzt, dass sie einen geschützten Sonderstatus haben und keine Zitrone, die nicht in und um Sorrent wächst,* Limone di Sorrento *genannt werden darf.*

Zubereitungszeit: 10 Minuten | **Ziehzeit:** 10 Tage | **Reifezeit:** 1 Monat

RUCOLINO

Hatten wir schon gesagt, dass manche Leute alle möglichen Lebensmittel in Alkohol legen, um herauszufinden, ob sie für Liköre taugen? Und hätten Sie gedacht, dass sich Salatblätter für eine der erfolgreicheren Kombinationen eignen? Die Sorte, um die es sich hier handelt, heißt Rauke oder Rucola, und viele kennen sie als scharf-würziges grünes Blatt, das aus einem Sandwich etwas Edles macht. Verantwortlich für Rucolino*, einen unserer süßesten Liköre, sind die Italiener. Er verbindet leckere pfeffrige und zitrusartige Aromen miteinander und wird als Digestif gereicht. Hier kommt unsere Version dieses schmackhaften Likörs auf Salatbasis.

1 Handvoll Rucola (ca. 30 Blätter)
1 Flasche Wodka
Schale von 1 ungewachsten Zitrone
Schale von ½ Orange
2 Gewürznelken
260 g weißer Zucker

1. Die Rucolablätter mit kaltem Wasser abspülen und mit dem Wodka in ein großes Einmachglas geben.

2. Die Zitronen- und Orangenschalen ins Glas geben, 2 Nelken dazugeben, den Deckel fest verschließen und das Glas sanft schütteln. Für ca. 10 Tage an einen kühlen Ort ohne direkte Sonneneinstrahlung stellen.

3. Nach dem Ende der Ziehzeit den Zucker in einen Topf geben, mit etwas Wasser bedecken und daraus einen süßen Sirup kochen. Dazu vorsichtig erhitzen, bis sich der Zucker aufgelöst hat. Zum Abkühlen beiseitestellen.

4. Den aromatisierten Wodka durch ein Sieb abseihen, mit dem abgekühlten Zuckersirup vermischen und in ein sauberes Glas oder Flaschen füllen.

5. Etwa 1 Monat reifen lassen. Wir empfehlen, in dieser Zeit ab und zu ein bisschen zu probieren, um festzustellen, ob Ihnen die Süße zusagt. Wenn Ihnen dabei bittere Noten auffallen, können Sie den Likör nachsüßen, indem Sie ein bisschen Sirup kochen und in kleinen Portionen dazugeben, bis Sie mit dem Ergebnis zufrieden sind.

NOTIZ AM RANDE: SELBST ZIEHEN

Rucola gibt es in ganz unterschiedlichen Sorten, von denen manche in vielen Ecken der Welt wild vorkommen. Er wächst sehr schnell, lässt sich leicht ziehen und gedeiht auch in Blumenkästen gut – falls Sie nur wenig Platz haben. Die Blätter können während ihres gesamten Wachstums geerntet werden, und selbst die Blüten sind essbar.

* *Wer hat's erfunden? Die Leckermäuler von Neapel sind für Rucolino verantwortlich. Die Neapolianer haben übrigens auch die Pizza entdeckt, die oft von einer Handvoll Rucola als Auflage profitiert.*

Zubereitungszeit: 20 Minuten | **Ziehzeit:** 2–3 Wochen

MINZ-LIMETTEN-LIKÖR MIT ZITRONENGRAS

Zu unseren ersten aus eigener Ernte fabrizierten Likören zählt Crème de Menthe. Wir hatten das Kräuterbeet geplündert und aus der frischen Minze einen Digestif hergestellt, dessen Geschmack den hellgrünen, sirupartigen Schnäpsen aus den meisten Restaurants und Bars weit überlegen war. Berauscht von unserem Erfolg fragten wir uns, was wohl passieren würde, wenn wir die beiden besten Kumpels der Minze aus der asiatischen Küche – Limette und Zitronengras – mit dazubitten würden. Unsere Rechnung ist tatsächlich aufgegangen, sodass das Trio der Thai-Aromen bei jedem süßen, hochprozentigen Schluck reihum die Geschmacksknospen kitzelt.

2 Stängel Zitronengras
Schale von 3 Limetten
1 Flasche Wodka (0,7 l)
1 Handvoll frischer Minzblätter
250 g weißer Zucker

1. Das Zitronengras mit einem soliden Gegenstand traktieren und gründlich zerdrücken.

2. Die Limettenschale mit dem Zitronengras in ein großes Einmachglas geben und mit dem Wodka bedecken. Das Glas gut verschließen, schütteln und 2 Wochen beiseitestellen. Ab und zu erneut schütteln.

3. Die Minzblätter gründlich waschen und dann zerrupfen und mit den Fingern durchkneten, denn so geben sie ihr Aroma leichter frei.

4. Die Minze in die Wodkamischung geben, das Glas wieder schließen, durchschütteln und weitere 2 Tage warten.

5. In einem Topf den Zucker in 350 ml Wasser erhitzen und einen einfachen Sirup herstellen. Umrühren, bis sich der Zucker aufgelöst hat, beiseitestellen und abkühlen lassen.

6. Den aromatisierten Wodka durch ein feines Sieb abgießen und mit dem Sirup mischen. Probieren. Mögen Sie es lieber süßer, erneut etwas Sirup kochen und nach und nach zugeben, bis Ihre Geschmacksknospen einverstanden sind. In Flaschen füllen und sogleich verbrauchen.

SERVIERVORSCHLAG

Dieser Likör ist ein guter Digestif – etwa nach einem leckeren scharfen Thai-Menü. Wir mixen daraus auch gern mit Sprudel, Eis und frischer Minze eine Art Mojito mit asiatischem Touch. (Wenn das lecker klingt, aber Wodka und Mojito für Sie nicht zusammenpassen, probieren Sie dieses Rezept doch einmal mit Rum.)

NOTIZ AM RANDE: CRÈME DE MENTHE

Wenn Ihnen der Sinn nach einer simplen Crème de Menthe ohne zusätzliche Aromen steht, beginnen Sie einfach bei Schritt 3, und ersetzten Sie „die Wodkamischung" in Schritt 4 durch „den Wodka"..

Zubereitungszeit: 20 Minuten | **Ziehzeit:** 2–3 Monate

BUCHENBLATTLIKÖR MIT HONIG

Buchenblätter sind ein wunderbares Beispiel für die Magie bei der Herstellung alkoholischer Getränke. Wenn man an einem frischen Blatt schnuppert oder knabbert, deutet nichts auf die Verwandlung hin, die unter der Einwirkung von Alkohol vonstattengeht: Schon nach wenigen Wochen Quellenlassen entsteht wie durch Geisterhand ein nussiger Geschmack. In den 1970er-Jahren war eine Zeit lang „Buchen-Noyau" (siehe Kasten) populär – dank dem Buch *Bei der Natur zu Gast* von Richard Mabey. Da das Sammeln von Naturzutaten gerade wieder im Trend liegt und Buchenblätter reichlich vorhanden und leicht zu erkennen sind, erfährt das Getränk gerade eine Art Wiedergeburt und Mabeys Rezept wird wieder herumgereicht. Wie immer kann man den Likör auf unterschiedliche Art ansetzen. Wir haben beim ersten Mal weißen Rum genommen (Mabey setzt auf Gin und Weinbrand), und außerdem haben wir den Likör als Gegenpol zu dem Nussaroma mit Honig verfeinert.

500 ml junge Buchenblätter
1 Flasche weißer Rum oder Wodka
160 g flüssiger Honig

1. Pflücken Sie die Buchenblätter noch jung, wenn sie eine helle limettengrüne Farbe haben und weich und biegsam sind. Die genaue Menge ist nicht entscheidend. Sie sollten locker gepackt etwa zwei Drittel des Rum-Volumens einnehmen.

2. Die Blätter waschen, trockenschütteln und in ein großes Einmachglas geben.

3. Den Rum oder Wodka angießen, das Glas verschließen und 2 Wochen an einen kühlen, dunklen Ort stellen.

4. Den Likör durch ein Sieb oder ein Passiertuch in ein zweites Glas oder eine Flasche umgießen und dabei die Blätter sanft auspressen, damit kein Tropfen verloren geht.

5. Den Honig dazugeben und das Glas gut schütteln, damit er sich auflöst. Vielleicht muss es an den folgenden Tagen hin und wieder geschüttelt werden, bis er sich ganz aufgelöst hat. Sie können den Honig auch vorsichtig mit ein paar Esslöffeln Wasser erwärmen, und ihm dadurch einen kleinen Schubs geben, ehe Sie ihn unter den Buchen-Rum mischen.

6. Vor dem Trinken weitere 2 Monate reifen lassen.

SERVIERVORSCHLAG

Die kräuterähnlichen, nussigen Aromen dieses Likörs kommen auf Eis gut zur Geltung und eignen sich zum gemütlichen Genießen. Er kann aber auch anstelle von Crème de Noyaux in Cocktails verwendet werden.

NOTIZ AM RANDE: NUSSIGE GENÜSSE

Ein echter Noyau (oder Noyaux) ist ein Likör aus in Weinbrand eingelegten Obstkernen. Bei der berühmtesten französischen Variante kommen Mandeln und Aprikosensteine zum Einsatz. Aufgesetzte mit Buchenblättern werden wegen ihres Nussaromas oft „Noyau" genannt.

Zubereitungszeit: 45 Minuten | **Ziehzeit:** 2–3 Wochen | **Reifezeit:** 2 Monate

WEISSDORNBRANDY

Der Weißdorn blüht überwiegend im Mai. In unserer Gegend* steht zu dieser Zeit nichts in so prachtvoller Blüte wie er. Es bekommt also niemand wirklich mit, wenn wir uns aus dem Gebüsch am Wegesrand einen Sack voll Weißdorn klauen um einen Weißdornbrandy anzusetzen. Irgendwie betont der milde Geschmack des Weißdorns durch seine kräftigen blumigen Noten die fruchtigen Aromen des Weinbrands. Dieses wunderbare Tröpfchen ist ein flüssiger Lobgesang auf den Mai und seine herrliche Blütenpracht.

ca. 500 ml Weißdornblüten und -blätter
220 g weißer Zucker
1 Flasche Weinbrand

1. Sammeln Sie eine Tüte Weißdorn-Zweige mit Blüten und Blättern. Für dieses Rezept benötigen Sie Blüten und Blätter zu ungefähr gleichen Teilen, doch die exakte Menge ist nicht so wichtig. Blütenblätter und Laub vorsichtig abzupfen und in ein großes Einmachglas geben. Am Anfang scheint das ewig zu dauern, aber wenn Sie in einen entspannten Rhythmus kommen, geht die Zeit im Nu vorbei.

2. Den Zucker ins Glas geben und alles mit Weinbrand bedecken. Es darf ruhig eine günstige Sorte sein, finden wir.

3. Das Glas gut verschließen und gut schütteln. Während der folgenden Tage hin und wieder erneut schütteln, damit sich der Zucker auflöst.

4. Für 2–3 Wochen beiseitestellen, damit die Aromen gut durchziehen können.

5. Den Brandy in Flaschen füllen. Wenn Sie die Geduld haben, wenigstens 2 Monate abzuwarten, werden Sie durch einen Likör mit weicherem Geschmack belohnt.

NOTIZ AM RANDE: FRUCHTLIKÖR

Sie können übrigens auch die Früchte des Weißdorns in Likör verwandeln. Versuchen Sie es doch einmal mit unserem Rezept für Schlehengin (siehe S. 118) mit Weißdorn anstelle der Schlehen. Nur für das Aufbrechen der Früchte sollten Sie vielleicht besser eine gröbere Methode finden, als jede einzeln mit der Gabel einzustechen.

** Bei Stadtverwaltungen hat sich Weißdorn in letzter Zeit als unkomplizierter Lückenfüller für Hecken etabliert. Wenn Ihnen der Sinn nach etwas anderem steht, versuchen Sie es doch einmal mit einer Eingabe an Ihre Kommunalbehörde. Nick hat einmal angefragt, ob eine Lücke in der Bepflanzung mit Apfelbäumen geschlossen werden könne, und war überrascht, als der Stadtrat seinem Vorschlag folgte.*

Zubereitungszeit: 25 Minuten

IRISCHER SAHNELIKÖR

Immer, wenn wir diesen sahnigen Likör unseren Freunden kredenzen, bekommen wir garantiert einen der folgenden drei Kommentare zu hören: „Wow, das schmeckt ja besser als das Zeug aus dem Laden!", „Ich wusste gar nicht, dass man das so einfach herstellen kann!" oder „Bitte mehr davon!" Wir nennen den Likör „irisch", weil wir irischen Whiskey verwenden, aber wenn Sie einen anderen nehmen, versprechen wir, nichts zu verraten …

- 2 gehäufte TL Kakaopulver
- 1 Tasse frischer schwarzer Kaffee (ca. 180 ml)
- 1 Vanilleschote (oder 1–2 Tropfen Vanillearoma)
- 1–2 Tropfen Mandelaroma
- 1 Dose gesüßte Kondensmilch
- 250 ml irischer Whiskey (oder ein anderer Whisky)

1. Das Kakaopulver in eine Tasse frischen schwarzen Kaffee einrühren.
2. Die Vanilleschote seitlich aufschneiden, das Mark herauskratzen und samt der Schote in den Kaffee geben. (Falls Sie Vanillearoma verwenden, ebenfalls jetzt dazutun.)
3. Das Mandelaroma hinzugeben und die Mischung abkühlen lassen.
4. Den Kaffee durch ein Sieb in eine große Schüssel zu der Kondensmilch und dem Whiskey gießen. Mit einem Schneebesen oder einem Stabmixer gründlich durchmischen.
5. In Flaschen füllen und in den Kühlschrank stellen. Mit der Zeit werden sich manche Zutaten möglicherweise absetzen, aber keine Angst: Einfach kurz durchschütteln, und das Getränk ist wieder durchmischt. Am besten innerhalb von 2 Wochen aufbrauchen.

SERVIERVORSCHLAG

Diese wunderbare milchige Melange ist zwar schon pur ein Hochgenuss, aber man kann auch einen Pott Kaffee oder Chai damit aufpeppen.

RICH RÄT:

CREMIGER GENUSS

Üblicherweise geben Mandeln dem Likör seine nussige Note, aber so streng müssen Sie sich ja nicht daran halten. Darf es etwas tropischer schmecken, probieren Sie doch einmal Kokosaroma aus.

Zubereitungszeit: 45 Minuten | **Ziehzeit:** 2–3 Wochen

KOKOSLIKÖR

Denken Sie jetzt nicht gleich an die eklig-süßen Auswüchse der Getränkeindustrie*, die im Supermarktregal lauern, denn unsere Heimbrauer-Variante ist eine nussig-cremige tropische Köstlichkeit, die in Ihrem Alkoholschränkchen (das sich sicher rasch füllt) einen Platz in der ersten Reihe verdient. An gute Kokosnüsse zu kommen ist nicht ganz leicht, aber es lohnt die Mühe. Lassen Sie die Hände von Billigstangeboten: Ihre Qualität ist meist so unverschämt wie der Preis.

1 reife Kokosnuss
1 Flasche weißer Rum (0,7 l)
½ Vanilleschote, seitlich aufgeschnitten
200 g weißer Zucker

1. Greifen Sie sich eine Kokosnuss und schütteln Sie sie. Wenn es innen plätschert, haben Sie ein frisches Exemplar in der Hand.

2. Die Nuss knacken. Das kann man auf ganz unterschiedliche Weise tun, aber wir finden einen knackigen Hieb mit dem Spaten besonders effektiv, wenn auch etwas unhygienisch. Vielleicht packen Sie die Nuss lieber in eine Plastiktüte und hauen mit dem Hammer darauf.

3. Das Kokosfleisch in mundgerechten Stücken herausschneiden. Dazu eignet sich am besten ein scharfes Messer mit abgerundeter Klinge. Aber gut auf die Finger aufpassen!

4. Das Kokosfleisch in ein großes Einmachglas geben und mit Rum übergießen. Verschwenden Sie keine teure Sorte, denn ein günstiger weißer Rum tut's auch.

5. Die aufgeschnittene Vanilleschote komplett mit Mark ins Glas geben.

6. Den weißen Zucker dazuschütten und die Mischung umrühren.

7. Den Deckel fest schließen und den Inhalt 2–3 Wochen durchziehen lassen. Währenddessen gelegentlich schütteln.

8. Den Likör zweimal durch ein Passiertuch oder eine Kaffeefiltertüte gießen, um Kokosstückchen herauszufiltern, dann in Flaschen füllen.

9. Einschenken. Trinken. ***Merengue!***

KOKOSPATEN

Portugiesische Entdecker haben der Kokosnuss ihren Namen gegeben. Die haarige Schale erinnerte sie an den kürbisköpfigen Geist El Coco; ein übler Kerl, der laut Volksglauben unartige Kinder frisst.

* *Sie wissen schon: Die Sorten, bei denen man nicht weiß, ob man sie trinken oder sich als Sonnenschutz auf die Haut schmieren soll.*

GRUNDLAGEN FÜR KLASSISCHE COCKTAILS UND KURIOSITÄTEN

Anschnallen bitte, denn jetzt geht's auf hochprozentige Weltreise. Bei unserer Entdeckungsfahrt stellen wir Ihnen merkwürdige Mischungen vor. Wir versuchen uns an skurrilen regionalen Traditionen und zeigen Ihnen, wie Sie manchem vertrauten Klassiker einen frischen Dreh geben können.

Auf der ganzen Welt wird gezecht. Reisende können in den meisten Ländern eine Vielzahl regionaler Spezialitäten kosten, die fest in der Kultur und Geschichte des jeweiligen Landes verankert sind und oft zu bestimmten gesellschaftlichen Ritualen gehören. Auf Reisen können wir solche eigentümlichen Getränke zwar aus erster Hand erleben, doch wie bei anderen Bestandteilen fremdländischer Küchen zeigt sich auch beim Alkohol, dass nicht überall die gleichen Vorlieben herrschen: Was man in einer Ecke der Welt schätzt, mag andernorts wenig Anerkennung finden. Solche Vorlieben für bestimmte Geschmacksnoten haben ihren Grund oft in den vor Ort verfügbaren Zutaten. Es ist ganz erstaunlich, welche Aromen – bei begrenzter Auswahl – Menschen zu schätzen lernen, vor allem, wenn das eigentliche Ziel die berauschende Wirkung des Alkohols ist.

Geschmackliche Vorlieben können auch aus beliebigeren sozialen und kulturellen Gegebenheiten entstehen. Nehmen wir etwa Absinth. Im 18. Jahrhundert in der Schweiz entstanden, ist er für viele nur ein wenig reizvolles bitteres Getränk, das pur genossen zu potent und mit etwas anderem gemixt zu dominant ist. Gleichwohl wurde sein Genuss im Frankreich des 19. Jahrhunderts unter Künstlern und Philosophen eine Art Initiationsritus und ein Mittel zur Steigerung der Kreativität (mit einigen selbstzerstörerischen und halluzinogenen Nebenwirkungen). Der Ruch des Absinths verbreitete sich, und hier und da wurden erste Verbote erlassen, was nur zur Faszination beitrug und Begehrlichkeiten weckte.

Das Schöne an unseren modernen Zeiten ist, dass viele dieser bislang geheimnisumwobenen Getränke aus aller Welt – wie Absinth – heute überall nachgebraut werden können. Viele Zutaten sind außerhalb ihrer Herkunftsländer erhältlich, und je häufiger wir Gelegenheit bekommen, sie zu kosten, desto bereitwilliger freundet sich unser Gaumen mit ungewohnten Aromen an. In diesem letzten Teil begeben wir uns daher auf eine Reise um die Welt, spielen mit zahlreichen Herstellungstechniken und experimentieren mit vielfältigen Aromen.

Im Folgenden stellen wir Getränke vor, von denen Sie vielleicht noch nie gehört haben, brauen andere nach, von denen Sie annahmen, dass sie in der eigenen Küche unmöglich herzustellen wären, und präsentieren unsere Varianten einiger internationaler Klassiker.

WAS BRAUCHE ICH?

Die gängigen Küchengeräte und ein paar Gefäße zum Aufbewahren Ihrer Ausbeute reichen für die meisten unserer Rezepte aus. Hier wird fleißig weiter aufgesetzt, viel gemixt, und hier und da kommt ein Spritzer Magie dazu. Wie schon in den bisherigen Kapiteln erwähnt: Es ist immer wichtig, dass alles, was Sie verwenden, sauber und steril ist. Manchmal brauchen Sie besondere Gefäße – entweder zum Mixen oder zum Servieren – aber es wird Ihnen niemand übelnehmen, wenn Sie etwa einen beliebigen Tontopf anstelle eines echten Rumtopfs nehmen, und Martini können Sie auch in einer Teetasse servieren, wenn Sie kein „echtes" Cocktailglas besitzen.

EIN WORT ZU DEN ZUTATEN

Wir haben in diesem Buch stets betont, dass es oft nicht so sehr auf exakte Mengen ankommt – und das trifft besonders auf dieses Kapitel zu. Wenn Sie Schwierigkeiten haben, eine bestimmte Zutat zu bekommen, versuchen Sie, eine andere als Ersatz zu finden. Zu manchen unserer Rezepte sind wir nur gelangt, weil wir nicht genau die gleichen Zutaten zur Hand hatten, wie unsere Kollegen auf dem Festland.

EIGENE COCKTAILS ERFINDEN

Ein Cocktail ist nicht mehr als eine Mischung verschiedener Getränke, erdacht meist von einer bestimmten Bar, zu einem besonderen Anlass oder zu Ehren einer Berühmtheit. Manche Cocktails sind inzwischen Klassiker und werden jeden Tag auf der ganzen Welt getrunken, andere sind, kaum entstanden, schon wieder vergessen. Sie müssen kein erfahrener Barkeeper sein, um sich einen Cocktail auszudenken. Es ist sicher richtig, dass Drinks, die von einem der besten Cocktailmixer gemixt, geschüttelt und kredenzt werden, ein gutes Stück über dem Durchschnitt liegen, doch das heißt noch lange nicht, dass Sie nicht auch eine gelungene Mischung zustande bekommen können.

DRINKS AUS DEM EIGENEN GARTEN

Wenn Ihnen unsere Rezepte gefallen, könnten Sie einmal darüber nachdenken, sich einen Cocktail-Garten anzulegen. Während für Fruchtweine in der Regel größere Mengen einer Obst- oder Gemüsesorte nötig sind, braucht man für die meisten unserer Drinks nur kleinste Mengen von Zutaten, die man oft auch zu Hause ziehen kann. Stützen Sie sich bei der Planung auf Zutaten, die in diesem Buch oft vorkommen: etwa Kräuter wie Minze, Fenchel, Thymian oder Wermut (siehe Abb.). Sorgen Sie mit Blütenpflanzen für etwas Farbe – zum Beispiel mit Lavendel, Borretsch oder auch einem Rosenstock. Auch Gemüsesorten können Sie dazunehmen. Wenn Ihr Beet einigermaßen Sonne bekommt, eignen sich Chilis und Gurken, die sich entweder wegen ihrer Schärfe oder ihren kühlenden Eigenschaften zu ziehen lohnen. Schließlich können Sie es um ein paar ungewöhnliche Pflanzen erweitern, mit denen Sie experimentieren können – hier drei Vorschläge, die Sie vielleicht auf neue Ideen bringen. Die Zitronenverbene ist – wie der Name schon sagt – ein Kraut mit Zitronenaroma und damit eine schöne Ergänzung für Aufgesetzte und Cocktails. Die Duftnessel gehört zur Familie der Minze, hat aber einen süßen, anisartigen Geschmack – eine interessante Möglichkeit, die typischen dekorativen Minzblätter zu ersetzen. Walderdbeeren fühlen sich auch inmitten anderer Pflanzen wohl, und ihre winzigen tiefroten Früchte verleihen so manchem Punsch mehr Pepp. Aber das sind nur Vorschläge ... jetzt ist es an Ihnen, kreativ zu werden!

Zubereitungszeit: 5 Minuten

SUMMER CUP

„Summer Cup" (oder auch „Fruit Cup") ist der Name eines jahrhundertealten englischen Fruchtcocktails. Die berühmteste Variante ist ein Rezept von James Pimm aus dem Jahr 1823, das bei britischen Sportveranstaltungen im Sommer nicht mehr wegzudenken ist. Es besteht aus Wermut, Gin und Likören, wird mit einem Softdrink verdünnt und dann mit reichlich Obst versehen. Da wir in unserer Version Getränke aus diesem Buch verwenden, können Sie damit im nächsten Sommer Ihr Talent als Braumeister zur Schau stellen.

100 ml Gin
100 ml süßer Wermut
60 ml Orangenlikör
30 ml Schlehengin

ZUM ANRICHTEN
1 Orange
1 Zitrone
1 Gurke
Erdbeeren
Minzblätter
ca. 500 ml Limonade

1. Gin, Wermut, Orangenlikör und Schlehengin mixen. Als Orangenlikör ist etwa Cointreau überall erhältlich, aber wir verwenden am liebsten unseren hausgemachten Orangenwhisky (siehe S. 130). Andere Alternativen stehen in der Randnotiz auf dieser Seite.

2. Jetzt haben Sie schon Ihren eigenen Summer Cup gemixt, und er ist viel leckerer als gekaufter. Das war einfach, oder? Jetzt geht es ans Anrichten:

SERVIERVORSCHLAG

3. Die Orange, die Zitrone und die Gurke in dünne Scheiben schneiden. Da Ihre Gäste wahrscheinlich mindestens ein Stück Obst von jeder Sorte im Glas vorfinden möchten, rechnen Sie mit mehr als einer Scheibe pro Gast. Unsere Mengen lassen sich auf schätzungsweise 8–12 gut gefüllte Gläser verteilen, aber Sie können sie auch noch weiter strecken, indem Sie mit dem Alkohol weniger freigiebig sind.

4. Eine Handvoll Erdbeeren halbieren. Das gesamte Obst mit einer Handvoll Minze in einen großen Krug geben.

5. Reichlich Eis in den Krug geben und den Summer Cup sowie die Limonade dazugießen. Wir finden Limonade und Alkohol im Verhältnis 2:1 ideal, aber Sie können den Drink natürlich auch noch stärker mit der sprudelnden Süße verdünnen.

6. Sanft umrühren und servieren.

NOTIZ AM RANDE: **VARIANTEN**

› Probieren Sie einmal einen kräftigen Schuss Portwein oder unseren Kirsch-Likörwein (s. rechte Seite) anstelle des Schlehengins

› Zitronig: Orangenlikör durch Limoncello (siehe S. 132) ersetzen.

› Versuchen Sie es mit Ingwerbier oder sogar mit unserem Chili-Ingwer-Bier (siehe S. 112) anstelle der Limonade.

› Geben Sie ein paar Tropfen Orangenbitter dazu (siehe S. 155).

› Ein paar Borretschblüten in jedem Glas sehen ungeheuer schick aus.

Zubereitungszeit: 40 Minuten | **Ziehzeit:** 1 Tag

KIRSCH-LIKÖRWEIN

Bei der Herstellung mancher süßer Likörweine (etwa bei Portwein) wird Wein vor dem Ende des Gärvorgangs mit Weinbrand versetzt. Diese Extradosis Alkohol tötet die Hefen ab und beendet so die Gärung, noch bevor der Zucker vollständig umgesetzt ist, was den Wein stärker und süßer macht. Sie können allerdings ebenso gut aus einem ausfermentierten Wein Likörwein machen, indem Sie ihn mit Zucker süßen und – wo Sie schon mal dabei sind – ein neues Aroma dazugeben. Dicke, saftige Kirschen können einen Rotwein zu neuen Höhenflügen anregen. Sie können das gern auch mit Ihrem selbst gemachten Holunderbeerenwein machen, aber wir finden, dass sich sogar ein nichtssagender Roter auf diese Weise zu einem leckeren Lieblingslikör wandeln kann.

450 g reife Süßkirschen (mit Kernen und ein paar Stängeln*), abgespült und klein gehackt
1 Flasche Rotwein (0,75 l)
100 g weißer Zucker
175 ml Weinbrand

1. Die Kirschen in ein großes Einmachglas geben.

2. Den Rotwein zu den Kirschen gießen, das Glas gut verschließen und 24 Stunden stehenlassen.

3. Den Zucker in einen Topf geben und den Inhalt des Glases dazugießen. Sanft 10 Minuten erhitzen, damit sich der Zucker auflöst und die Kirschen weich werden. Dabei durchgehend mit einem Holzlöffel umrühren und die Kirschstücke innen gegen die Wand des Topfs auspressen.

4. Die Mischung abkühlen lassen und durch ein Passiertuch oder einen Filtrierbeutel in ein sauberes Glas gießen. Das Fruchtfleisch gut auspressen, damit so viel Saft wie möglich austritt, und die Kerne, Stängel und Fruchtfleischstücke heraussieben.

5. Den Weinbrand zu dem aromatisieren Wein geben, das Glas gut verschließen oder das Gemisch in saubere, sterilisierte Flaschen füllen.

6. Im Kühlschrank oder einem kühlen Regal lagern. Diesen prächtigen Kirsch-Likörwein sollten Sie erst nach einem Tag genießen und innerhalb einer Woche aufbrauchen.

SÜSS ODER SAUER

Die verbreitetsten Kirschsorten sind süß (ein leckerer Snack) oder sauer (meist zum Kochen). Beide können Sie hier verwenden, wenngleich wir die süßen Sorten bevorzugen.

** Aus getrockneten Kirschstängeln kann man einen Aufguss zubereiten, der offenbar entgiftende Wirkung hat – ideal für den Morgen nach einem Abend mit Kirsch-Likörwein.*

Zubereitungszeit: 20 Minuten | **Kühlzeit:** 1 Stunde

SANGRI-AHHHH (À LA RICHARD)

Es ist durchaus verzeihlich, wenn einige Menschen Sangria nur als unvermeidlichen wässrigen Feriencocktail kennen, den seltsame Animateure zum Trost an Spanienurlauber mit Sonnenbrand ausschenken. Aufgeweckte Experten für geistige Getränke wie wir hingegen kennen die Sangria als kräftigen, endlos variablen „Obstsalat" im Glas, der Zutaten aus allen vier Ecken unseres Gartens in sich vereint. Genießen Sie Sangria bei Sonnenschein, auf Eis mit einer Zitronenscheibe serviert ... Conga-Tanzen durch den Garten wird empfohlen, ist aber nicht zwingend erforderlich.

1 Flasche Rotwein (0,75 l)
50 ml Weinbrand
150 g Zucker (siehe Kasten unten)
25 ml Orangenlikör
½ ungewachste Zitrone, gewaschen und in Scheiben
1 ungewachste Orange, gewaschen und in Scheiben
100 g Erdbeeren, gewaschen und in Scheiben
1 Apfel, gewaschen und in Scheiben
einige Blätter Rucola
einige Blätter Basilikum, zum Garnieren

1. Den Rotwein in einen 1-l-Krug füllen.

2. Weinbrand, Zuckersirup (siehe Kasten links) und Orangenlikör dazugeben und umrühren. Wenn Sie gern einen Extrakick Orange mögen, können Sie auch ein paar Tropfen Orangenbitter (siehe S.155) hinzutun.

3. Die Obstscheiben in den Krug geben (dabei ein paar Zitronenscheiben zurückbehalten).

4. Den Rucola dazugeben. Er intensiviert das Aroma der Erdbeeren – und sieht auch noch gut aus.

5. Den Krug mindestens 1 Stunde in den Kühlschrank stellen, dann die Sangria auf Eis mit Zitronenscheiben und ein paar Blättern Basilikum pro Glas servieren.

SERVIERVORSCHLAG

In praller Sonne genossen, sorgt Sangria schnell für Schwindel im Kopf des Genießers, daher besser mit Sprudel verdünnen. Wer es süßer mag, greift zu Limonade.

NOTIZ AM RANDE:

GEKONNT GESÜSST

Damit sich der Zucker ganz in der Sangria lauflöst (wie auch bei jedem anderen Cocktail), einen einfachen Zuckersirup anrühren. Er verhindert, dass ungelöster Zucker den Drink verdirbt. Zucker und Wasser zu gleichen Teilen sanft erhitzen, bis der Zucker sich auflöst. Beiseitestellen und dazumixen, sobald der Sirup abgekühlt ist.

Zubereitungszeit (für den Wodka): 15 Minuten | **Ziehzeit (für den Wodka):** 1 Woche
Zubereitungszeit (für den Tomatensaft): 45 Minuten

BLOODY MARY

Mögen Sie eine gutgemachte Bloody Mary? Wie wäre es mit einer, die so richtig intensiv schmeckt und dabei genau auf Ihre Lieblingsaromen abgestimmt ist? Suchen Sie sich Ihre Favoriten aus der Liste tomatenfreundlicher Zutaten aus und machen Sie sich ans Werk – ein spektakulär würziger Geschmack erwartet Sie. In unsere erprobte Lieblingsmischung kommen Chilis, Senf, Koriander und Lorbeerblätter. Entdecken Sie Ihre!

1 Flasche Wodka (0,7 l)

ZUM SELBER-KOMBINIEREN
2 ganze Chilischoten
1 daumengroßes Stück Meerrettichwurzel
1 TL Senfsamen
6 schwarze Pfefferkörner
2 Lorbeerblätter
1 Handvoll frische Kräuter (Basilikum, Petersilie oder Koriander)

FÜR DEN TOMATENSAFT
900 g reife Tomaten, grob zerkleinert
500 ml Wasser
½ Zwiebel
1 EL Zucker
1 TL Salz
1 Selleriestange

ZUM ANRICHTEN
Worcestersauce, nach Belieben
Tabasco, nach Belieben
Saft von 1 Zitrone
1 Prise Salz

DEN WODKA AROMATISIEREN

1. Die Aromazutaten zum Selber-Kombinieren aus der Liste auswählen und mit dem Wodka in ein großes Einmachglas geben. Wenn Sie Chilis verwenden, schneiden Sie sie kurz mit einem scharfen Messer ein, damit der Wodka sie durchströmen und die Schärfe herauslösen kann. Als Meerrettich-Fan schälen Sie Ihr Wurzelstück bitte, ehe Sie es in ein, zwei Stücken dazugeben.

2. Sobald alle gewünschten Zutaten drin sind, das Glas fest verschließen, schütteln und für 1 Woche beiseitestellen. Während dieser Zeit ab und zu erneut schütteln.

3. Nach 1 Woche den Wodka durch ein Sieb in eine saubere Flasche oder ein frisches Glas abseihen und in den Kühlschrank stellen. Jetzt kommt der Tomatensaft dran …

DER TOMATENSAFT

4. Suchen Sie sich saftige, reife Tomaten aus und mischen Sie ruhig verschiedene Sorten, dann wird die Bloody Mary noch leckerer.

5. Die zerkleinerten Tomaten mit den übrigen Saftzutaten in einen Topf geben und zum Köcheln bringen.

6. Bei geschlossenem Deckel 25 Minuten gleichmäßig köcheln lassen, dann kräftig durch ein Sieb streichen und abkühlen lassen.

7. Den aromatisierten Wodka mit frischem Tomatensaft und etwas Salz vermischen und mit Eis auffüllen. Den Geschmack nach Belieben mit einem Spritzer Worcestersauce, einem Tröpfchen Tabasco und einem Schuss Zitronensaft intensivieren.

HALTBARKEIT

Der aromatisierte Wodka hält sich bis zur nächsten Cocktail-Runde. Den Tomatensaft bitte innerhalb von 2 Tagen aufbrauchen.

Zubereitungszeit: Indefinite | **Ziehzeit:** Minimum 4 Wochen

RUMTOPF

Wer dachte, es könne nichts Alkoholgesättigteres geben, als einen vor Sherry triefender Trifle oder einen Weinbrand-strotzenden Weihnachtspudding, kennt offenbar Rumtopf noch nicht. Für diese Spezialität, die man nicht nur in Deutschland, sondern auch in Dänemark kennt, wird ein Tontopf das Jahr über mit Obst der Saison, Zucker und Rum gefüllt, bis er zu einem besonderen Anlass (meist zu Weihnachten) geöffnet wird. Die enthaltene fruchtige Mixtur lässt die Ernte des ganzen Jahres hochleben und ist Dessert und Digestif in einem.

verschiedene Früchte
weißer Zucker
Rum
(Mengenangaben siehe Schritt 3)

GEEIGNETES OBST
Erdbeeren, Himbeeren, Kirschen, Johannisbeeren, Aprikosen, Pfirsiche, Zwetschgen, Feigen, kernlose Trauben, Ananas, Kiwis, Birnen etc.

UNGEEIGNETES OBST
zu weiche Sorten (etwa Bananen) oder zu harte (etwa Äpfel), können der Mischung eine unangenehme Konsistenz geben. Die Bitternoten in Zitrusfrüchten überdecken schnell andere Aromen, während sehr dunkle Früchte (etwa Brombeeren) leicht die Farbe bestimmen.

1. Traditionell wird Rumtopf in einem großen Steingutgefäß gleichen Namens gemacht, das genau dafür vorgesehen ist. Wenn Sie keinen Rumtopf haben, tut es auch ein großer Tontopf. Reinigen Sie das Gefäß Ihrer Wahl gründlich, und schon kann es losgehen.

2. Eine Obstsorte aussuchen, die gerade Saison hat, und die in den Topf kommen soll. Waschen und so verarbeiten, als kämen die Früchte in einen Obstsalat: Nur die appetitlichsten Exemplare verwenden und Kerne, Stängel und (gegebenenfalls) Schale entfernen; größere Sorten in mundgerechte Stücke schneiden.

3. Das Obst abwiegen und in den Rumtopf geben, dann die Hälfte des Obstgewichts in Zucker darüberstreuen. (Wiegt ihr Obst also 300 g, kommt anschließend 150 g Zucker dazu.)

4. Das Obst komplett mit Rum bedecken. Den Topf schließen und an einem dunklen Ort lagern, bis die nächste Obstladung dazukommt.

5. Den Vorgang das ganze Jahr über mit dem Obst wiederholen, das gerade verfügbar ist: das halbe Gewicht in Zucker abwiegen, den Zucker dazugeben und alles mit Rum bedecken.

6. Die letzte Obstcharge sollte wenigstens 4 Wochen, ehe der Rumtopf serviert werden soll, dazukommen, damit ihr Geschmack genug Zeit hat, sich in das fruchtige Gesamtbild einzufügen.

SERVIERVORSCHLAG

Die Frucht-Rum-Mischung in eine Schale schaufeln und entweder pur genießen, mit einem Schlag Sahne garnieren oder über ein anderes Dessert geben. Für eine heiß-kalte Variante den Saft abgießen, sanft in einem Topf erhitzen und wieder über die Obststücke geben.

NICKS TIPP: TRINK MICH!

Wollen Sie nur die Früchte als Dessert servieren, können Sie den aromatisierten Rum auch getrennt genießen – etwa in ein Glas Sekt gemischt, als fruchtiger Rum-Sprudler.

Zubereitungszeit: 45 Minuten | **Ziehzeit:** 2 Wochen

ORANGENBITTER

Bitterspirituosen sind die Geheimwaffen jedes Barkeepers: Wenige Tropfen, in einen simplen Gin Tonic oder schnieken Cocktail geträufelt, heben dessen Geschmack in andere Dimensionen. Eines der beliebtesten Aromen für solche Bitter stammt aus der Schale der Sevilla-Orange, also der Sorte, die Marmeladenhersteller so begeistert. Aber nicht nur für Cocktailmixer sind sie interessant, denn Spritzer solcher goldorangefarbenen Elixiere finden auch in der Küche vielfältige Verwendung. Probieren Sie das leckere Zitrusaroma in Marinaden, Bratensaft oder Soßen.

4 Sevilla-Orangen
3 Kardamomkapseln
½ TL Kümmelsamen
½ TL Koriandersamen
200 ml Wodka

1. Die Orangen schälen. Anders als bei den meisten Rezepten dieses Buchs empfiehlt es sich, ein bisschen weiße Innenhaut an der Schale zu lassen, da sie das Ergebnis bitterer macht. Die Schale in Streifen schneiden und mit der Innenhaut nach oben auf ein Backblech legen.

2. Im Ofen bei mittlerer Temperatur (ca. 140 °C) backen, bis sich die Schale rollt und austrocknet – etwa 25 Minuten. Behalten Sie sie aber gut im Auge, weil es immer unterschiedlich lange dauert (das hängt davon ab, wie trocken die Orangen bereits waren, wie dick die Schale ist usw.).

3. Die Schale abkühlen lassen und im Mörser oder mit dem Nudelholz in kleine Stücke zermahlen. Treiben Sie es nicht zu toll – wenn nachher nur noch Staub übrig ist, braucht man später ewig, um ihn wieder herauszufiltrieren. Die Stücke in ein Glas und das Gewürztrio in den Mörser geben. Die Gewürze ganz grob zerdrücken, dann zu der Schale ins Glas schütten.

4. Die trockenen Zutaten mit Wodka bedecken, das Glas verschließen, 2 Wochen beiseitestellen und ab und zu schütteln.

5. Durch ein Passiertuch oder ein feines Sieb gießen und dabei so viel bitteren Alkohol wie möglich aus den Schalen pressen. Es muss nicht noch das letzte Orangenschalenstäubchen herausgefiltert werden, aber wenn Ihr Bitter schön klar aussehen soll, dann filtern Sie ihn ein zweites Mal.

6. Den Bitter in eine Flasche füllen und Ihren nächsten Cocktail experimentell mit ein paar Tropfen verfeinern.

ODER AUCH ...

Beim Backen kurz eingedöst? Keine Angst, denn auch leicht verbrannte Schale kann verwendet werden und verleiht dem Getränk eine karamellartige Farbe.

NOTIZ AM RANDE: FIRST WE TAKE MANHATTAN ...

Und was fangen Sie jetzt mit Ihrem Orangenbitter an? Wie wär's mit einem klassischen Manhattan! Mixen Sie 60 ml Bourbon oder Roggenwhisky mit 15 ml süßem Wermut und 2 Spritzern Orangenbitter. Ein paar Eiswürfel dazugeben, verrühren und, wenn es ganz traditionell sein soll, mit einer Maraschinokirsche garnieren.

Zubereitungszeit: 15 Minuten | **Ziehzeit:** 2 Wochen

FICHTENNADELBITTER & FICHTENNADEL-MARTINI

Fichtennadeln waren schon vor Jahrhunderten bei Jägern und Sammlern begehrt, werden aber heute kaum mehr verwendet. Sie strotzen vor Vitamin C, was Captain Cook auf die Idee brachte, sie in einem Bier* zu verarbeiten, um bei seiner Mannschaft gegen Skorbut vorzubeugen, aber wir haben wahrscheinlich eine bessere Möglichkeit gefunden, ihre nach Wald duftenden Essenzen genießen zu können. Bei Fans traditioneller Rezepte kommen nur junge, hellgrüne Nadelspitzen in den Beutel – man kann sie nämlich roh essen oder auch einlegen – aber in unserem Rezept müssen Sie nicht auf die jungen Frühlingstriebe zurückgreifen. Mit dem fertigen Getränk kann man mit wenigen Tropfen etwa einem Martini ein markantes Waldaroma verleihen.

1 EL Fichtennadeln (Verarbeitung siehe Anleitung)
½ TL Koriandersamen, leicht zerdrückt
2 Pimentkörner, leicht zerdrückt
4 Wacholderbeeren
200 ml Wodka

FÜR DEN FICHTENNADEL-MARTINI
80 ml Gin oder Wodka
15 ml trockener Wermut
2 Spritzer Fichtennadelbitter

1. Ein paar Fichtenzweige vom Baum abknipsen. Wenn Sie auf Ihren Weihnachtsbaum zurückgreifen, prüfen Sie bitte zuerst, woher er stammt und dass er nicht mit Pflanzenschutzmitteln eingesprüht wurde.

2. Die Zweige unter fließendem Wasser abspülen und trockentupfen. Die Nadeln abzupfen (oder mit einer Schere abschneiden). Einen Esslöffel Nadeln in den Mörser füllen und sanft zerdrücken, sodass sie ihre Öle absondern. In ein Glas füllen.

3. Koriandersamen, Piment und Wacholderbeeren zu den Nadeln in das Glas geben und mit Wodka bedecken.

4. Das Glas verschließen, schütteln und 2 Wochen beiseitestellen. Hin und wieder erneut schütteln.

5. Durch ein Passiertuch oder ein feines Sieb gießen und in Flaschen füllen.

MARTINI MIT FICHTENNADELAROMA

Entscheiden Sie sich zwischen Gin (der traditionsbewussten Wahl) und Wodka (der moderneren). Gießen Sie das Getränk Ihrer Wahl in einen Cocktail-Shaker oder ein Einmachglas mit dem Wermut, dem Fichtennadelbitter und einer Handvoll Eis. Schütteln und in ein Glas abseihen. Cocktail-Spezialisten garnieren ihren Martini meistens mit einer Olive und einem Streifen Zitronenschale. Bei diesem Rezept empfehlen wir ein Stück Fichtenzweig.

NOTIZ AM RANDE: FICHTE ODER KIEFER?

Man kann Nadeln aller Fichten- und Kiefernarten verwenden; jede hat einen leicht anderen Geschmack. Ganz allgemein hat uns Kiefer nicht so gut geschmeckt. Erkennen kann man sie an der Form: Fichtennadeln haben vier Seiten, sodass man sie zwischen zwei Fingern hin und her rollen kann, während Kiefernnadeln flacher sind und sich nicht so leicht rollen kann. Lassen Sie auf jeden Fall die Finger von der Eibe, die so ähnlich aussieht, denn sie ist giftig!

* *Wir haben versucht, das Rezept nachzubauen – schmeckt scheußlich!*

Zubereitungszeit: 25 Minuten | **Ziehzeit:** 1 Tag (über Nacht)

WERMUT

Wermut, der König der Cocktailzutaten, ist nichts anderes als ein durch vielfältige Frucht- und Kräuterzutaten aromatisierter Likörwein. Trotz seines komplexen Geschmacks ist ein guter Wermut überraschend leicht herzustellen. Das folgende Rezept ist unsere vielfach getestete, dezent einfache Version, doch bei diesem Getränk fängt der Spaß erst an, wenn Sie mit kleinsten Mengen Ihrer Lieblingskräuter und -gewürze herumspielen, um etwas Eigenes daraus zu machen. Ihre Möglichkeiten sind auch deshalb zahlreich, weil Sie Rotwein, Weißwein oder Rosé nehmen können, der trocken oder lieblich sein kann. Durch das Aromatisieren lässt sich sogar der Geschmack eines nicht ganz gelungenen Weins überdecken – etwa eines selbst gemachten, den Sie zu früh geöffnet haben.

1 Prise getrocknetes Wermutkraut
2 Wacholderbeeren
3 Prisen getrocknete Orangenschale
3 Gewürznelken
3 Kardamomkapseln, zerdrückt
6 Koriandersamen
2 Prisen getrocknete Kamille (aus einem Kamillenteebeutel)
1 Lorbeerblatt
1 Sternanis
1 Flasche Rot- oder Weißwein (0,75 l)
150 ml Weinbrand

FÜR SÜSSEN WERMUT
50 g weißer Zucker

NOTIZ AM RANDE: ALTERNATIVE AROMASTOFFE

Keine Lust auf eine Zutat aus unserem Rezept? (Oder Probleme beim Besorgen?) Probieren Sie einmal:

Engelwurz • Enzianwurzel • Fenchelsamen • Himbeerblätter • Holunderblüte • Ingwer • Klettenwurzel • Lavendel • Muskatblüte • Muskatnuss • Oregano • Pfefferkörner • Rosmarin • Safran • Salbei • Süßholzwurzel • Thymian • Vanille • Ysop • Zimt

1. Alle geschmacksgebenden Zutaten in einen Topf geben und mit rund einem Viertel des Weins bedecken. Soll Ihr Wermut süß werden, jetzt den Zucker dazugeben.

2. Die Mischung ganz sanft zum Sieden bringen und bei geringer Hitze 10 Minuten mit geschlossenem Deckel sieden lassen. Gelegentlich umrühren.

3. Abkühlen lassen und den Weinbrand zugeben. Die Mischung mitsamt allen pflanzlichen Zutaten in ein sauberes, sterilisiertes Einmachglas geben und über Nacht durchziehen lassen. Es macht nichts, wenn das Glas dabei nicht ganz voll ist, denn etwas Oxidation trägt zum authentischen Wermutgeschmack bei.

4. Die Mischung durch ein feines Sieb oder Passiertuch in ein sauberes Glas umgießen. Falls Sie restlos alle Kräuter- und Gewürzreste entfernen möchten, erneut durch einen feineren Filter abseihen – etwa eine Kaffeefiltertüte.

5. Den übrigen Wein dazugießen und probieren. Finden Sie den Wermut noch ein bisschen zu stark, geben Sie mehr Wein dazu, bis er ganz nach Ihrem Geschmack ist. Meinen Sie jedoch, er könnte noch einen Aromaschub vertragen, geben Sie eine kleine Menge Wermut in einen Topf und erwärmen sie vorsichtig mitsamt den Extrazutaten Ihrer Wahl. Abkühlen lassen, filtern und wieder mit dem übrigen Wermut vermischen. Auf die gleiche Weise können Sie einem zu trockenen Wermut 1, 2 Teelöffel Zucker zugeben, wenn er Ihnen zu bitter ist, oder einen süßen Wermut nach Ihrem Geschmack nachsüßen.

6. Notieren Sie sich die verwendeten Geschmacksstoffe und probieren Sie beim nächsten Mal ein paar Alternativen aus unserer Liste aus (siehe Kasten links).

Zubereitungszeit: 10 Minuten | **Ziehzeit:** 2–24 Stunden

CHILITEQUILA & MANGO-MARGARITA

Nichts bringt eine Party so gut in Schwung wie ein Tequila-Shot – besonders, wenn Sie daraus ein vor Chilischärfe loderndes Feuerwasser machen. Und wo es Tequila gibt, sind sicher auch Margaritas nicht weit. Wir finden, dass sich verführerisch weiche Mangos ideal als Begleiter für unser flüssiges Chilifeuer eignen – aber schließlich ist es Ihre Party, also kombinieren Sie Ihr persönliches Lieblingsfrüchtchen mit einem leckeren Schuss Schärfe.

2 ganze frische Chilis
1 Flasche Tequila (0,75 l)

FÜR DIE MARGARITA
2 EL frisch hergestellter Mangosaft (siehe Anleitung Schritt 4)
2 EL Chilitequila
1 EL Triple Sec oder Orangenlikör
1 TL frischer Limettensaft
1 EL Salz
1 Prise Chiliflocken
1 kleine Limetten-Ecke

1. Wählen Sie Ihre Chilis mit Bedacht. Versichern Sie sich nicht nur, dass Sie Ihnen nicht zu scharf sind, sondern beachten Sie auch die feinen Geschmacksunterschiede. Wir zündeln gern mit der süßlich tomatenähnlichen Schärfe der Sorte „Scotch Bonnet".

2. Die Chilis mit der Messerspitze ein paarmal einstechen und in ein Einmachglas legen. Den Tequila darübergießen.

3. Schon bald löst sich die Schärfe der Chilis im Alkohol, also kosten Sie nach 2 Stunden den Tequila. Wenn sich Ihre Gesichtszüge jetzt verkrampfen, sollten Sie die Chilis sofort entfernen, ansonsten 24 Stunden in Ruhe lassen und dann entsorgen. (Beachten Sie, dass es auch später noch möglich ist, die Schärfe zu steigern, indem man Schritt 2 mit weiteren Chilis wiederholt.)

MANGO-MARGARITA

4. Schnappen Sie sich eine frische, reife Mango. Zuerst schälen, dann das Fruchtfleisch vom Stein schaben. Im Mixer zu einem Püree verarbeiten und durch ein feines Sieb streichen, sodass der Saft übrig bliebt.

5. Den dicken Mangosaft mit Tequila, Triple Sec, Limettensaft und ein paar Eiswürfeln in einen Cocktail-Shaker oder in ein Glas mit gut schließendem Deckel geben. Das Glas hollywoodreif auf Schulterhöhe schütteln, bis sich der Inhalt schön kühl anfühlt.

6. Das Salz auf einem Teller grob mit den Chiliflocken mischen.

7. Ein Glas am Rand mit der Limettenscheibe einreiben, umdrehen und in den Teller drücken, sodass etwas Salz-Chili-Mischung am Rand klebenbleibt.

8. Die Margarita vorsichtig einschenken. Tief durchatmen. Genießen.

RICH RÄT: ENTSAFTEN

Werfen Sie die Limetten kurz für ein paar Sekunden auf höchster Stufe in die Mikrowelle, damit die saftgefüllten Zellen im Innern platzen. So kann man die Früchte leichter auspressen und mehr Saft gewinnen.

Zubereitungszeit: 20 Minuten | **Ziehzeit:** 1 Monat

ABSINTH

Mit Absinth ist nicht zu spaßen. Viele Philosophen, Künstler und Poeten sind einst seinem berüchtigten Charme und den legendären psychotischen und halluzinogenen Wirkungen* zum Opfer gefallen. Aber wenngleich die Zutaten tatsächlich einige psychedelische Substanzen enthalten (siehe nächste Seite), so gehen die überlieferten Wahnsinnstaten wahrscheinlich eher auf den extrem hohen Alkoholgehalt des damals als Destillat hergestellten Absinths zurück. Unsere Variante ist dagegen aufgesetzt und stützt sich auf das traditionelle Dreigestirn aus Anis, Fenchel und die Wermutsorte *Artemisia absinthium*, die dem Getränk seinen Namen gibt.

4 Kardamomkapseln
2 TL Fenchelsamen
2 TL Anissamen
½ TL Koriandersamen
1½ TL getrocknetes Wermutkraut
1 Sternanis
½ TL Kamille
1 TL getrocknete Kalmuswurzel
2 große Minzblätter
1 Flasche Wodka (0,7 l)

1. Die Kardamomkapseln zerdrücken und die Samen herauskratzen. Die Samen zusammen mit den Fenchel-, Anis- und Koriandersamen in einen Mörser geben und alles zermahlen.

2. Die zerkleinerten Samen in ein Einmachglas oder eine Flasche geben und das getrocknete Wermutkraut, den Sternanis, die Kamille und die Kalmuswurzel dazugeben. Die Kamille verleiht der Mischung ihre beruhigende Wirkung (wir plündern einfach einen Kamillenteebeutel). In anderen Rezepten wird stattdessen Zitronenmelisse verwendet. Sollten Sie weder online noch bei Ihrem Apotheker Kalmuswurzel bekommen, ist es auch kein Beinbruch, wenn Sie sie weglassen.

3. Die Minze zwischen den Fingern kneten, damit ihr Öl austritt, und mit ins Glas legen.

4. Die Zutaten mit Wodka bedecken und das Glas verschließen. Gründlich schütteln und etwa einen Monat an einem kühlen, dunklen Ort ruhen lassen. Durch ein Passiertuch gießen und in eine Flasche füllen.

SERVIERVORSCHLAG

Einen speziellen Absinthlöffel (oder Teelöffel) quer über ein Glas mit einem Schuss Absinth (25 ml) legen. Einen Zuckerwürfel in den Löffel legen und kaltes Wasser daraufträufeln, bis er vollgesaugt ist. Weiter Wasser darübergießen, damit sich der Zucker auflöst und ins Glas rinnt, bis der Drink aus zwei Dritteln Wasser besteht. Kein Feuer verwenden! Dieser moderne Gimmick soll lediglich an den zweifelhaften Ruf des Absinths anknüpfen.

** Im ausgehenden 19. Jahrhundert glaubten viele Künstler – vor allem solche, die in schicken französischen Cafés die Zeit totschlugen – Absinth könnte ihre Kreativität anregen. Henri de Toulouse-Lautrec war so sehr davon abhängig, dass er stets einen Vorrat im Spazierstock versteckt bei sich trug, und als sein Saufkumpan, der Sonnenblumen-Pinsler van Gogh, sich einen Teil seines linken Ohrs abschnitt, gab man Absinth die Schuld – doch viele Historiker bezweifeln diese Theorie.*

„DIE GRÜNE FEE

Der berühmteste Aberglaube um Absinth ist die Erscheinung einer grünen Fee, die durch drei potenziell bewusstseinsverändernde Inhaltsstoffe hervorgerufen wird. Der berüchtigtste, Thujon, stammt aus dem Wermut. Anis, Fenchel und Sternanis enthalten geringe Mengen Anethol, und Asaron steckt in der Kalmuswurzel – sie verleiht der Fee angeblich Flügel. Dieses Rezept enthält zwar nur Spuren dieser Substanzen, doch Sie sollten alle Zutaten mit Umsicht verwenden.

KRÄUTER UND GEWÜRZE

Nicht nur Köche benutzen eine riesige Vielfalt an Kräutern und Gewürzen, auch als Hausbrauer kann man beherzt zugreifen und sie für alle möglichen Getränke verwenden. In manchen Kreationen tragen sie dezent zu raffinierten Geschmacksverbindungen bei, in anderen stehen sie selbst im Rampenlicht. Sie sind Ausgangsstoff für eine Vielzahl neuer Einfälle und Experimente.

SELBST GEPFLANZT ODER GEKAUFT

Schon kurz nachdem die ersten Menschen auf Reisen gingen, wurden überall auf der Welt Kräuter und Gewürze gehandelt. Heute ist eine große Vielfalt erhältlich, und die meisten in diesem Buch erwähnten Zutaten dürften leicht zu bekommen sein, egal wo Sie zu Hause sind. Abhängig davon können Sie wahrscheinlich zahlreiche Sorten frisch sammeln oder sogar selbst ziehen. Die einfachste Möglichkeit, stets an frische Zutaten zu kommen, sind Kräutertöpfe auf der Fensterbank, während man manche Arten leicht im Garten anpflanzen kann. Bei etwas ungewöhnlicheren Zutaten wie Wermutkraut kann ein kurzer Blick ins Internet oder ein Ausflug zur Apotheke oder zur Gärtnerei weiterhelfen.

KRÄUTER UND GEWÜRZE VERWENDEN

Vielen unserer aufgesetzten und gewürzten Getränke können Sie bereits mit überraschend kleinen Mengen die gewünschte Geschmacksnote verleihen. Wie Sie feststellen werden, halten sich einige typische Gewürze recht lange, sodass sie in ganz unterschiedlichen Rezepten Verwendung finden können. Wenn Sie beim Einsatz von Kräutern und Gewürzen einmal den Bogen raus haben, können Sie anfangen, damit zu experimentieren. Versuchen Sie etwa, anstelle von Minzwein einen Wein aus anderen Blattkräutern herzustellen – vielleicht aus Zitronenmelisse. Oder peppen Sie einfachere Rezepte durch klassische Kombinationen auf, die Sie aus der Küche kennen. So bilden beispielsweise Himbeere und Thymian ein bei Köchen beliebt gewordenes Duo, das wir bei unserem aufgesetzten Whisky auf S. 120 eingesetzt haben. So ähnlich können Sie einen Aufgesetzten auf Zitrusbasis durch eine kräftige Ingwernote, ein honighaltiges Rezept durch einen Schuss Basilikum oder Porter durch eine Vanilleschote ergänzen. Kräuter und Gewürze eröffnen völlig neue Geschmackswelten.

GEWITZT GEWÜRZT

UNSERE FÜNF LIEBLINGSKRÄUTER UND -GEWÜRZE

Ingwer: Den meisten Rezepten steht ein bisschen pikante Ingwerschärfe, doch er kann auch das Hauptaroma für Wein, Bier und Aufgesetzte sein. Kaufen Sie frische Wurzeln, und lagern Sie sie im Kühlschrank.

Zimt: So schmeckt Weihnachten. Wir verarbeiten am liebsten Zimtstangen, aber es gibt auch Zimtpulver.

Wacholderbeeren: Den Hauptgeschmacksgeber von Gin verwenden wir, um anderen Getränken ein frisches Kiefernaroma zu verleihen. Wenn Sie Glück haben, finden Sie wilde Beeren, man kann aber auch getrocknete kaufen.

Minze: Sie gehört zu den Kräutern, die Sie am einfachsten selbst ziehen. Wir haben sie aus ihrem öden Dasein als bloße Cocktaildekoration befreit und ihren frischen, reinen Geschmack in den Mittelpunkt neuer Getränke gestellt.

Wermutkraut: Die oft in Blumenbeeten zu findende Sorte *Arthemisia absinthium* verleiht Absinth seinen Namen und seinen Geschmack. Getrocknet kann man es zur Zubereitung von Heiltee erwerben. Es ist darüber hinaus eine wichtige Zutat in Wermut und Bitterlikören für Cocktails.

Zubereitungszeit: 15 Minuten | **Ziehzeit:** 3 Tage

MEERRETTICHWODKA

Mit der wachsenden Beliebtheit von Chilis und Wasabi* mit ihrer Endorphin-ausschüttenden Wirkung ist der gute alte Meerrettich offenbar fast in Vergessenheit geraten. Wir allerdings sind große Fans dieser wildwürzigen Wurzel, daher fingen wir an zu strahlen, als wir in dem fabelhaften Buch *Booze for Free* von Andy Hamilton auf „Meerrettichwodka" stießen. Indem wir ein paar Varianten seines Rezepts durchprobiert haben, sind wir auf die folgende Zutatenkombination gekommen. Das Ergebnis ist kein Tröpfchen, das man nebenbei zum Zeitvertreib trinkt, aber auch mehr als eine bloße Kuriosität. Es bringt nicht nur blockierte Nebenhöhlen wieder auf Vordermann (schon beim Dran-Schnuppern kommen einem die Tränen), man kann auch eine verteufelt leckere Bloody Mary damit mixen.

ca. 150 g Meerrettichwurzel, saubergeschrubbt oder geschält und in fingerdicke Stücke geschnitten
1 Flasche Wodka (0,7 l)
1 TL Honig
15 ganze schwarze Pfefferkörner

1. Den zerkleinerten Meerrettich samt Wodka, Honig und Pfefferkörnern in ein großes Einmachglas geben. Der Honig gleicht die leichte Bitterkeit der Wurzel aus und die Pfefferkörner steuern eine weitere pikante Note bei. Um den Honig beim Auflösen zu unterstützen, können Sie ihm ein bisschen Wodka oder Wasser zugeben und aufwärmen, ehe Sie ihn zu den anderen Zutaten geben.

2. Wenn Sie es nicht abwarten können, kann man diese Mischung auch nach 3 Stunden durch ein Sieb in eine Flasche füllen, aber wir empfehlen 3 Tage Ziehzeit, damit sich die nebenhöhlenreinigende Wirkung voll entfaltet.

3. Im Tiefkühlfach aufbewahren. Mit Vorsicht genießen.

SERVIERVORSCHLAG

Wir trinken unseren Meerrettichwodka am liebsten nach russischer Art: direkt aus dem Eisfach pur im Schnapsglas serviert. Dann auf ex trinken, und eine saure Gurke folgen lassen.

NOTIZ AM RANDE: ZIEH!

Anders als sein Verwandter Wasabi wächst Meerrettich quasi von selbst. Ja, er vermehrt sich so vehement, dass seine Wurzeln bald das ganze Gemüsebeet übernehmen. Wenn Sie solche Übergriffe vermeiden wollen, sperren Sie ihn in einen großen Topf. Zu Anfang pflanzt man einfach im Winter oder Frühling ein gesundes Wurzelstück ein – online und in den meisten guten Gartencentern erhältlich –, und im folgenden Winter kann man ernten. Dabei einfach ein paar Wurzelstücke im Boden lassen, und er gedeiht aufs Neue.

** Wasabi ist schwerer zu ziehen als Meerrettich und auch teurer. Daher tragen manche Sushi-Dips und Snacks die Bezeichnung „mit Wasabi-Geschmack" und sind eigentlich mit Meerrettich und grüner Lebensmittelfarbe zubereitet.*

Zubereitungszeit: 15 Minuten | **Ziehzeit:** 2 Wochen

KRÄUTERRUM

Wenn seefahrende Schatzjäger zu einer weiten Abenteuerreise aufbrechen, gibt es nichts Besseres als eine Buddel gewürzten Rum. Doch Piraten, die ihre Lieblingsmarke nachbrauen möchten – und Marken es gibt einige – finden auf nahezu allen Flaschen den Hinweis „Geheimrezept". Als Trost für alle Seebären lüften wir hier das Geheimnis unseres Rumrezepts, das wir eigens gegen wüste Windböen und peitschenden Regen entwickelt haben. Wenn Sie es besser können, dann nichts wie ran – Vanille und Orange gehören meistens dazu, aber wie alle übrigen Zutaten sind auch sie nicht vorgeschrieben.

1 Flasche goldfarbener Rum (0,7 l)
1 Vanilleschote
Schale von ¼ Orange
½ Zimtstange
1 Sternanis
4 schwarze Pfefferkörner
1 Prise gemahlene Muskatnuss
4 Kaffeebohnen

WEITERE GEWÜRZE NACH BELIEBEN
Piment, Kardamom, Ingwer, Kümmel, Nelken, Anis, Rosmarin, Lorbeer

1. Zuerst den Rum auswählen. Wir empfehlen eine günstige goldgelbe Sorte, die wahrscheinlich mehr nach Eiche und Karamell schmeckt als ein weißer Rum, aber nicht so lange gereift ist, dass er die Gewürze in den Hintergrund drängt.

2. Die Vanilleschote aufschneiden und mit der Orangenschale, den übrigen Gewürzen und den Kaffeebohnen in ein sterilisiertes großes Einmachglas geben. Ist eine der genannten Zutaten nicht nach Ihrem Geschmack, tauschen Sie sie einfach gegen eine andere aus der Liste der Alternativen aus.

3. Das Glas mit Rum füllen, fest verschließen und kräftig schütteln. Etwa 2 Wochen beiseitestellen und Ihre Schatzsuche wieder aufnehmen.

4. Den Rum durch ein Passiertuch oder ein feines Sieb in Flaschen füllen, die Piratenflagge aufziehen, und dann heißt es „Rum für die ganze Mannschaft!"

SERVIERVORSCHLAG

Dieser potente Piratentrunk kann einer Vielzahl anderer Getränke mehr Pepp verleihen: Geben Sie einen Schuss in frischgebrühten Kaffee, verwenden Sie ihn als Geschmacksschub für Ihren Lieblings-Rum-Cocktail, machen Sie Ihren Cider-Grog extrastark, oder probieren Sie ihn anstelle des Weinbrands in unserem klassischen Eggnog auf S. 170.

Zubereitungszeit: 15 Minuten | **Gärzeit:** 4–6 Wochen | **Reifezeit:** 1 Monat

MARKKÜRBISRUM

Dieses Rezept eignet sich vorzüglich zum Entsorgen lästiger Markkürbisse – eines ungeliebten aufgeblasenen Verwandten der Zucchini, der – da mehrjährig – oft im Schrebergarten übrig ist. Natürlich handelt es sich streng genommen nicht um Rum, doch der Geschmack dieses leckeren dunklen Gebräus auf Gemüsebasis beschwört Gedanken an Piratenabenteuer auf hoher See hinauf, wenn seine seidig-kräftigen Aromen über die Zunge streichen und auf den Mandeln Dudelsack tanzen. Bemerkenswert ist auch das skurrile Gärverfahren. Der Anblick eines eng verschnürten, senkrecht stehenden Markkürbisses in Ihrer Küche wird sicher bei so manchem Besucher reges Interesse (oder Sprachlosigkeit) hervorrufen.

- 1 Markkürbis – den größten, den Sie kriegen können
- 400 g Demerara-Zucker
- 1 EL Melasse
- 2½ cm Ingwerwurzel, geschält und gerieben
- Saft von 1 Orange
- Rotweinhefe

1. Den Markkürbis oben mit einem gezackten Messer aufschneiden und das Innere mit einem Löffel ausschaben.

2. Den hohlen Kürbis mit Zucker, Melasse, Ingwer, Orangensaft und Hefe füllen. Dazu stellen Sie ihn aufrecht in einen breiten Krug, dann steht er stabil.

3. Den abgeschnittenen Deckel wieder auf den Kürbis setzen und mit Paketklebeband abdichten.

4. Den Kürbis aufrecht in einem Krug oder einem kleinen Gäreimer an einem warmen Ort stehen lassen. Nach etwa 2 Wochen kann er Anzeichen beginnenden Zerfalls zeigen. Schnüren Sie ihn dann fest in ein Musselintuch ein oder ziehen sie eine (saubere) Strumpfhose drüber.

5. Nach 4 Wochen dürfte der Kürbis soweit sein, seinen schmackhaften Inhalt freizugeben. Ein Loch in die Unterseite stechen und die Flüssigkeit in einen Gärbehälter laufen lassen.

6. Einen Gäraufsatz daraufsetzen, die Gärung zum Ende kommen lassen und (nach ca. 2 Wochen) den Inhalt in Flaschen füllen.

7. Dieser leckere Rum profitiert von einer gewissen Reifezeit, also lassen Sie ihn mindestens 1 Monat ruhen, ehe Sie ihn kosten.

ODER ABER …

Lust auf weitere sinnfreie Seefahrerbräuche? Dann mixen Sie sich doch zur Skorbut-Vorsorge einen Markkürbisgrog in alter Marinetradition: Mischen Sie Wasser und Markkürbisrum im Verhältnis 2:1, geben Sie einen Spritzer Limettensaft dazu und streuen Sie eine Prise Zimt darüber.

DIE JUNGS VON DER MARINE …

Von 1655 bis 1970 war es Tradition, dass alle Marinesoldaten der Royal Navy täglich ½ Pint Rum (ca. 285 ml) zuerkannt bekamen. Erschreckenderweise galt das auch für die Seeleute an Bord von Atom-U-Booten!

Zubereitungszeit: 30 Minuten | **Gärzeit:** 4–5 Tage | **Reifezeit:** 1–2 Wochen

ILZES ROTE-BETE-KVASS

Es mag zwar nicht unser alkoholhaltigstes Getränk sein, aber diese fantastisch-vegetarische osteuropäische Spezialität ist bestens geeignet, überschüssige Rote Bete zu verarbeiten, ohne zum Einmachglas greifen zu müssen. Kvass (abgeleitet von dem russischen Wort für „sauer") wird als Heiltrunk betrachtet, ein Stärkungsmittel für den Körper, das wahrscheinlich am besten vor oder nach einer größeren Zecherei genossen wird. Wir haben es geschafft, dieses althergebrachte Rote-Bete-Rezept unserer lettischen Freundin Ilze abzuringen ... Es ist von Generation zu Generation weitergereicht worden und ihre Familie schwört darauf. *Prieka!***

500 g Rote Bete, gewaschen, geschält und in Stücke geschnitten
200 g Zucker
Saft und Schale von 2 ungewachsten Zitronen
Ale-Hefe
1 Scheibe Roggenbrot, getoastet
Kümmelsamen

1. Die Rote-Bete-Stücke in einen Gäreimer geben. Man kann die Bete auch reiben, denn dann vergärt sie schneller. Wir bevorzugen allerdings einen langsamen und gleichmäßigen Gärprozess.

2. 4 l kochendes Wasser über die Rote Bete geben, dann den Zucker, die Zitronenschale und den Saft einrühren.

3. Ist das Gemisch abgekühlt, die Hefe dazugeben – und eine Scheibe getoastetes Roggenbrot, das für authentische sowjetische Säuerlichkeit sorgt.

4. Alles gut durchmischen, mit dem Deckel oder einem sauberen Küchenhandtuch bedecken und 4–5 Tage still vor sich hin gären lassen.

5. Das vergorene Getränk durch ein Abseihtuch in sterilisierte Flaschen gießen und in jede obendrein ein paar Kümmelsamen geben.

6. Die Kvass-Flaschen an einem kühlen Ort lagern und nach 1–2 Wochen Reifezeit genießen. Erfreuen Sie sich an seinem sanften Sprudeln und dem herrlichen Magentafarbton.

FORTSCHRITT?

Obwohl Kvass im Lettland der Sowjetzeit sehr beliebt war, verschwand es nach dem Zerfall der UdSSR von den Straßen. Neue Hygienegesetze verboten den beliebten Straßenverkauf und der Markt wurde schnell von Coca-Cola überschwemmt und schließlich beherrscht ... Na toll!

* *Freude!*

Zubereitungszeit: 30 Minuten

EGGNOG

Diese Weihnachtsspezialität scheidet die Geister: Manche lieben sie, bei anderen rangiert sie gleich neben Rosenkohl und trunkenen Tanten auf der Liste der Dinge, denen sie zum Fest am liebsten aus dem Weg gehen. Beschreiten Sie mit unserer leicht nachvollziehbaren Anleitung den Weg zu himmlischen Genüssen und entdecken Sie, dass diese oft gefürchtete Mischung aus Ei und Alkohol ein Anlass zur Freude ist – ein seidig cremiger Genuss und ein willkommener Festtagsgast.

2 große Eier, getrennt
75 g Streuzucker
½ Vanilleschote
500 ml Vollmilch
50 ml Wermut
50 ml Weinbrand
geriebene Muskatnuss, nach Belieben

1. Ein Huhn beherzt drücken, bis es 2 Eier von sich gibt. Oder Sie bitten einen freundlichen Bauern oder erwerben einen Karton Eier im Lebensmittelladen und entnehmen zwei.
2. Die Eigelbe zusammen mit dem Zucker in einer Schüssel zu einer glatten Mischung verrühren.
3. Das Mark aus der Vanilleschote in die Milch schaben. Sie können auch die leere Schote mit hineintun, aber denken Sie daran, sie vor dem Servieren herauszunehmen.
4. Die Milch sanft in einem Topf erhitzen und von der Herdplatte nehmen, ehe sie zu kochen beginnt. Die heiße Milch vorsichtig zu der Eigelb-Zucker-Mischung gießen und beides gründlich mit dem Schneebesen verrühren.
5. Die Mischung zurück in den Topf geben und bei kleiner Hitze weiterrühren, bis sie einzudicken beginnt.
6. Wermut und Weinbrand dazugeben, kurz durchrühren und vom Herd nehmen.
7. Das Eiweiß in einer Schale zu Eischnee schlagen. (Falls Ihre Unterarme nicht gerade Gorillaformat haben, nehmen Sie ein elektrisches Rührgerät.) Die Eigelb-Milch-Mischung dazugießen und beides miteinander verrühren.
8. Mit einem Löffel in Tassen geben und kalt stellen. Festlich mit Muskatnuss garniert servieren.

NOTIZ AM RANDE: SCHNELL VERNICHTEN

Eggnog kommt auch in einer Reihe beliebter alkoholischer Getränke vor – siehe unseren Rhabarber-Custard-Cocktail auf S. 129. Aber bewahren Sie ihn nicht mit Ihren übrigen Cocktail-Ingredienzen im Alkoholschrank auf. Lieber im Kühlschrank lagern und innerhalb von 2 Tagen aufbrauchen.

EIER UND ALKOHOL

Die Kombination ist schon ungewöhnlich. Angeblich jedoch unterstützt das Eiweiß die Leber beim Abbau von Alkohol. Beweise bitte? Haben Sie schon mal von jemandem gehört, der einen Eggnog-Kater hatte? Ei-ndeutig, oder?

Zubereitungszeit: 20 Minuten | **Ziehzeit:** 45 Minuten

GLÖGG

Wein zu würzen und ihn heiß zu servieren, ist auf der ganzen Welt beliebt. Viele Länder haben einen eigenen Namen für ihre Spezialitäten, darunter „Smoking Bishop" (England), Glühwein (Deutschland und Österreich) und „Caribou" (Kanada). Unsere Lieblingsvariante ist jedoch der schwedische „Glögg" (oder Norwegisch „Gløgg"), ein potenter Mix aus Rotwein, Portwein und winterlichen Gewürzen, serviert mit Mandelblättchen und Rosinen. Verwöhnen Sie doch einmal Ihre schlotternden Freunde mit unserem herrlich warmen Gebräu und senden Sie einen herzlichen Gruß an alle Schweden: *Skål!*

1 Flasche Rotwein (0,75 l)
½ Flasche Portwein (375 ml)
6 Kardamomkapseln
5 cm Ingwerwurzel, geschält und grob gehackt
12 Gewürznelken
1 Zimtstange
Schale von ½ Orange
125 ml Weinbrand oder Rum

ZUM SERVIEREN
Rosinen
Mandelblättchen
Orangenschale
Zucker, nach Belieben

1. Rotwein und Port in einen Topf gießen. Die Kardamomsamen aus den Kapseln kratzen und in die Mischung geben, die leeren Kapseln entsorgen.

2. Die Ingwerstücke mit den Nelken, der Zimtstange und der Orangenschale (ohne weiße Innenhaut) dazugeben.

3. Das Gemisch bis kurz vor dem Siedepunkt erhitzen. Den Topf vom Herd nehmen, den Deckel auflegen, beiseitestellen und 45 Minuten ziehen lassen.

4. Den Glögg durch ein feines Sieb gießen und zurück in den Topf geben. Den bereits hohen Alkoholgehalt durch den Weinbrand oder Rum in schwindelerregende Höhen steigern.

5. Den fertigen Glögg erneut sanft erwärmen und in die Tassen der dankbaren Gäste schenken.

6. Ein paar Rosinen, Mandelblättchen und dünne Orangenschalenstreifen in die Tassen streuen und Zucker bereitstellen, falls jemand das berauschende heiße Gebräu nachsüßen möchte.

REGISTER

Danksagungen

Danke für …

… Probetrinken, Kritik und Worte der Ermutigung an Kerry, Catherine, Daisy, Emily, Jo, Julia, Jim, David, Janet, Geoff, Linda, Adam, Lisa, Gary, Jade, Dav, Cath, Graham, Ollie, Simon, Alison, Cat, Larry, Steve, Damian.

… Ratschläge, Inspiration oder totale Begeisterung für unsere wahnsinnigen Pläne an Diana Jackson, Ben Hardy, Gary & Pete, Neil Worley, Andy Hamilton, Sarah Comber, Chelsea Monroe-Cassel, Andy Jones, Trevor Witt, Kester Bunyon, Carl Legge, Simon Gladding.

… Unterstützung bei der Erstellung dieses Buches an Jane, Grace, Rebecca, Georgie, Liz.

Ein Dank auch an Marion und Paul von der Barrington Pottery, Christine Brain von Barrington Court, Camilla und Amanda bei Vigo, Darren und Andrew von der London Distillery, Peter Pomphrey, Seamus Coyle, Martin Hopkins und die Watsons für ihre Äpfel, Gerard, Juliet und Bob von Honey's Cider.

Und schließlich eine Entschuldigung an alle, die leiden mussten, weil sie unseren ersten Absinth-Versuch (zu viel Wermut), den verkorksten Cider-Ansatz (offenbar mit einem verdorbenen Apfel) und den Erbenschotenwein-Versuch (abgelehnt) gekostet haben, sowie an alle im Fünf-Meilen-Radius für das schauderhafte Bananen-Bier. Es wird nicht wieder vorkommen.

Nick & Rich
www.twothirstygardeners.co.uk